JN439410

情정

현대수필가100인선 · 56

情정

하길남 수필선

좋은수필사

▩ 책머리에

수필은 누구나 부담 없이 읽고, 마음만 먹으면 직접 쓸 수도 있는 가장 친근한 문학이다. 다른 영역의 문학이 영상매체에 밀려 신음하고 있는 중에도 수필 인구만은 날로 증가하여 바야흐로 수필 전성시대를 구가하고 있는 이유도 거기에 있을 것이다.

시대적 추세에 힘입어 수많은 수필전문지, 수필동인지가 창간되고, 이에 비례하여 신진 수필가도 날로 늘어나다 보니 이제는 그 많은 작가, 그 많은 작품 중에서 문학성 높은 작품을 가려 읽는 일이 쉽지 않게 되었다. 이런 현상은 작가에게나 독자에게나 결코 바람직한 일이 아니다. 더 나아가서는 수필을 연구하는 후세들에게도 큰 부담이 될 것이다.

이런 문제를 해결하는 데는 출판인도 마땅히 한몫을 감당해야 한다는 평소의 소신에 따라, 본사가 기꺼이 그 역할을 맡기로 했다. 그 첫 번째 사업으로 시대를 대표할 만한 수필가 100인을 선정하고, 작가가 자선한 40편 내외의 작품을 수록한 문고본을 발간하여 이를 널리 보급함으로써 그 소임을 다하고자 한다.

본사는 사명감을 가지고 이 사업을 추진해 나가기로 했다. 작가 선정을 전담할 편집위원회를 구성하고 전권을 위임하여 일체의 사적인 정실이나 청탁을 배제함으로써 전문성과 공

정성을 확보해 나갈 것이다.

따라서 이 기획물 속에는 작가의 문학정신뿐만 아니라, 본사의 문학사적 기여 의지와 편집위원 제위의 수필문학에 대한 애정과 문인으로서의 양심이 함께 담겨 있음을 자부한다. 다만, 작가를 선정하는 기준에는 많은 견해의 차이가 있을 수 있고, 선정 과정에서도 미처 챙기지 못한 부분이 있을 것이라는 사실만은 인정하지 않을 수 없다. 이 점에 대해서는 관계자 여러분의 양해 있으시기 바란다.

이 시리즈의 발간 순서는 작가, 또는 본사의 사정에 의한 것일 뿐 그 밖의 어떤 기준도 적용하지 않았음을 밝힌다.

본 기획물이 시대를 초월한 많은 수필 애호가들의 관심과 애정 속에 우리나라 수필문학 발전에 한 이정표가 되기를 바랄 뿐이다.

2010년 6월

좋은수필 발행인 서 정 환

현대수필가 100인선 간행 편집위원 박 재 식 최 병 호

정 진 권 강 호 형

변 해 명

1_부

2_부

3_부

4_부

 부

연하장 유감

"돌 틈에서/ 솟아나는/ 샘물처럼/ 그렇게/ 맑게."

이 글은 어느 시인이 한지漢紙에 손수 붓 글로 쓴 연하장 내용이다. 이렇듯 우리는 새해를 맞아 잊지 못할 여러 정든 사람들에게 새해 인사를 전한다. 우체국이나 시중에서 만들어 놓은 연하장을 사서 보내는 이도 있고, 서투른 솜씨나마 자기가 직접 그림을 그리고 글을 써서 보내는 이도 있다. 이때는 한껏 자기의 솜씨를 뽐내보게 된다.

지금 이 글을 쓰면서 손수 그린 연하장들을 훑어보니 난을 친 것과 크래용으로 그린 것, 꽃이나 클로버 낙엽 등을 말려서 손수 쓴 연하장에 붙인 것 이외 탁본을 한 것, 깨알 같은 글로 기나긴 사연들은 적어놓은 것, 두꺼운 색종이를 오려서 그림을 만든 것 등 갖가지 모양의 연하장들이 시선을 끌고 있다. 이들 그림을 그릴 때 그들의 정성들은 생각해 보면서 차라리 나는 눈시울이 뜨거워지고 있는 느낌이다. 그 아름다운 마음들을 어떻게 갚아야 할 것인가. 받는 이와의 우정의 깊이나 그 사연들을 생각하면서 구구절절 정다운 얘기들이 구름처럼 피어나고 있다.

"꿈에 그린 매화 한 점 맞선 보듯 드리나니…"

그렇다. 이 글은 시인가, 김이 모락모락 나고 있는 마음인가, 정성인가, 그리움인가, 애틋함인가, 하느님의 입김인가, 꽃이 피는 소리인가, 구름이 흐르다 흘린 사리舍利인가. 이 말 한마디가 명치끝에 삼삼한 것은 무슨 까닭인가. 아름다운 말의 결정체는 사람들의 마음을 순화하기 때문이다.

연탄재 함부로 차지마라
너는
누구에게 한 번이라도 뜨거운 사람이었느냐.

안도현의 시다. 우리는 누구에게라도 한 번쯤 뜨거운 사람이 되어야 할 것이다. 사람으로서 그렇지 못하다면 차가운 방을 따뜻하게 지펴주는 연탄, 그 타고 난 재보다 나을 것이 뭐 있겠는가. 따뜻한 말 한마디, 애정 어린 눈짓 한 번이 얼마나 귀하다는 것을 우리는 늘 체험하고 있는 것이다.

"하고자 하는 일 모두 이루소서."
"복 많이 받으소서."
"문운文運 떨치소서."
"건필을 빕니다."
"내내 건투하소서."

이렇듯 눈물겹도록 아름다운 마음들인데 우리가 어찌 한 해의 보람을 소홀하게 넘길 수 있겠는가. 우리의 이 넉넉한 인심이면 결코 우리들 한 평생이 외로울 리 없을 것이다. 이러한 정성의 운기運氣로 하여 세상은 정화되어 우리들은 맑고 밝은 삶을 잇게 되는 것이 아닌가.

새삼스러운 이야기가 되겠지만, 미국의 여러 대학들이 공동으로 연구 발표한 바에 의하면 기도가 주는 효과는 거의 절대적이었다는 것이다. 몇 명의 환자들을 두고 몇 개 그룹에게 그 환자들을 위해 치유를 위한 기도를 하게 한 결과, 그렇지 않는 환자들과는 병세에 있어 현저한 차이가 있었다는 것이다. 위암, 십이지장암, 림프암, 관상대동맥경색증 등 무려 39가지의 병을 앓고 있던 오혜령 씨는 "몸이 힘들어도 영혼에서 찰랑찰랑 흘러가는 소리가 들리면 다 이길 수 있다."고 말하지 않았던가. 12권짜리 묵상집을 16일 만에 다 썼다고 했다. 불굴의 신앙과 의지로 이른바 '질병 박물관'으로까지 불리던 그녀는 성지순례를 다녀와서 기적 같은 은혜를 입게 되었다고 했다.

미국의 의사이며 종교인인 버니 S. 시걸은 자신의 저서 〈사랑+의술=기적〉에서 '환자는 의사와 포옹하라'고 말하고 있다. 만일 우리가 사랑하는 사람과 하루에 3번쯤 포옹한다면 아마 병은 달아나 버리고 말 것이다. 포옹은 숨결과 숨결을 잇고 가슴이 맞닿는 지고한 사랑의 순간이 아닌가. 살인을 저지른 희대의 대도大盜를 교화시킨 이해인 수녀는 '저가 출소할 때 한 번 수녀님을 힘껏 안고 싶다'고 한 소원을 지금까지 잊지 않고 있다고 했다. 얼마나 사랑에 굶주렸으면 수녀의 품에 안기고 싶다고 애원했겠는가.

우리는 누구나 새해를 맞게 되면 이웃들에게 우선 '복 많이 받으십시오' 하고 기원하게 된다. 그만큼 우리 민족은 복을 염원해 왔던 것이다. 우리들의 이 기복신앙은 옛 샤머니즘으로부터 비롯했다고 학자들은 말하고 있다. 어떤 종교이든 우리나라에 들어오기만 하면 그것은 곧 기복신앙祈福信仰으로 바뀌고 만다. 우리가 기도한다는 취지로 마련된 예배는 결과적으로 자신들의 복을 비는 기복의식으로 변모해 버리고 마는 것이다.

우리가 복을 얼마나 좋아했으면 복조리, 복 주머니는 물론, 베개나 이불, 옷 등에 복 복福자를 그렇게 많이 새겨놓았겠는가. 어디 그뿐인가. 대문마다 복 복 자는 수없이 쓰여져 있는 것이 아닌가. 이른바 소문만복래笑門萬福來가 그것이다. 사실 이와 유사한 글귀들은 또 얼마나 많은가. 나는 자라면서 동작 하나만 잘못해도 '복 나간다'고 꾸중을 듣곤했다. 우리가 연하장을 받는다는 것은 곧 복을 받는다는 이야기가 된다. 그런 의미에서 연하장을 보내는 일도 복을 기원하는 절차라고 할 수 있을 것이다. 그러고 보면 연하장이란 복을 싣고 나르는 새해의 전령사가 아닌가.

그러나 요즘은 인터넷 시대라고 하여 이메일로 연하장을 보내고 있으니 너무 요식적이라는 생각이 든다. 자판을 두드려 보면 가지각색의 수많은 연하장들이 진을 치고 있으니 입맛대로 골라잡아 한 번 손가락만 까닥하다 보면 상대방에게 훌쩍 떠나고 만다. 손수 만든 연하장에 비해 무슨 애틋한 정이 스며들었겠는가. 또 힘깨나 쓰는 사람들은 비서에게 명단만 던져주면 연하장은 그들 손에 의해 저절로 오고가는 판이니, 그런 것은 받으나마나 한 것이 아니겠는가. 그래 연탄재처럼 뜨거운 연하장이 그립다.

십팔번

내 노래의 18번은 〈이별의 부산정거장〉이다. 남들은 부전공 하나 둘쯤은 늘 예비하고 있는 모양이지만, 나는 죽으나 사나 이 레퍼토리밖에 별로 자신이 없으니 참 딱한 노릇이다.

국어사전을 찾아보니 18번이란 '가장 자랑으로 여기는 것이나 일'이라고 풀이돼 있다.

나에게 이 노래가 18번으로 공인(?)된 사연은 좀 별나다.

불명예스럽게도 나는 자타간에 음치로 통했었다. 초등학교 때는 음악점수와 체육점수 때문에 항시 골치를 앓았다. 내가 초등학교에 다니던 시절에는 음악시간이라야 고작 노래를 따라 부르는 정도에 지나지 않았으니 음악시험에는 으레 노래를 한 곡 뽑는 걸로 때울 수밖에.

그때부터 나는 이 음치라는 불명예의 멍에를 짊어지게 되었으니 나의 이 상서롭지 못한 역사는 꽤 오래된 셈이다. 그런데 내가 한 20여 세쯤 되었을 때였을까?

친구들과 술좌석에서 음치의 딱지 때문에 노래를 부르거니 못 부르거니 옥신각신 실랑이 끝에 주당개창酒黨皆唱이라는 억지 꾐에 빠져 마지못해 한번 불러본 노래가 어찌된 셈인지 명창(?)이라는 찬사를 받게 돼, 그때부터 서서히 나에게도 그 18번이라는 것이 공인되기에 이른 것이다.

그런데 이상한 것은 이렇듯 천신만고 끝에 얻게 된 내 18번이 때와 장소에 따라 형편없이 불려지기도 하는 것이다.

어느 때는 명실공히 명창이 되다가도 어떤 때는 엉망진창이 되어버린다는 사실이다. 내가 명창이 되든 엉망진창이 되든 내 18번의 경우 공통적인 사항은 내 음성, 표정, 동작이 하나로 어울린 꼴이 청중들의 배창자를 곤춘다는 것이다.

그러니 마침 명창이 될 때는 묘한 노리갯감이 될 수도 있겠지만 그렇지 못할 때의 그 꼴불견이란 어처구니없는 망령꼴이 된다. 그래서 어느 학생은 '선생님이 노래할 때는 완전히 무아의 경지에 몰입하는 기분'이라고 표현하기도 했다. 그런가 하면 또 어느 여학생은 '음치의 지긋지긋하고 긴 열창'이라고 비꼬기도 했다.

이러한 사실은 이른바 음성, 표정, 동작의 부조화에서 온다. 말하자면 자연적으로 노랫가락이 술술 흘러 나오기까지는 그에 못지않는 적당한 여흥의 성숙이 선행되어야 하는 것이었다.

연때가 맞아야 하는 것이 세상 모든 일의 이치가 아니겠는가.

만산에 푸른 낙락장송도 자랄 때 일단 집으로 가져와서 화분에 심고 나면 한평생 애처로운 몰골로 부대끼게 되는 것이 아닌가. 심산유곡에서 대기의 정기를 받아가며 자라나던 산삼도 사람의 손에 의해 밭고랑에 옮겨지고 나면 그 약효는 10분의 1밖에 되지 않는다고 한다.

몸집이 크기로 유명한 신천옹이란 바닷새는 그 둔한 동작 때문에 전희前戲가 미숙하여 멸종의 위기를 맞게 되었다. 전희는 실패없는 생식을 달성하게 하는 본능적 테크닉이니까.

이렇듯 우리가 스스로에 연계되는 현상을 조화있게 받아들일 때 무한한 성숙과 발전은 기대되는 것이지만, 그렇지 못할 때는 상극적 병고의 어려움을 겪게 되는 것이리라. 이것이 바로 생명현상의 자연적 순리라는 것이 아니겠는가.

외국의 어떤 별난 궁정 가수는 왕이 그녀의 엉덩이를 한번쯤 두들겨주기 전에는 결코 노래를 부를 수가 없다고 했다. 그러나 그 전격적 신호는 낙관落款의 율사律師쯤 될는지 모를 일이다. 하지만 나를 어찌 그들에게 비길 수 있겠는가. 음치들의 노래자랑 같은 것에나 견줄까.

실지로 외국에서는 음치들의 노래자랑대회가 성대하게 치러진다고 한다. 노래마다 그 정해진 곡목이 있어 모든 이가 그 장단에만 맞추게 되니 변화도 재미도 없다는 것이다. 그래서 제 마음대로 부르게 될 무쌍한 변화를 생각해 낸 것이 바로

이 대회의 취지였다고 한다.

별 희한한 대회가 다 있다고 생각될는지 모르지만 1973년 2월 17일 영국의 욕셔 스카브르에서는, '세계 고함소리대회'가 개최돼 스키퍼 케니 리더라는 분이 1등을 했다는 기록까지 있으니 놀랄 일이 못되지 않겠는가. 대머리대회니, 뚱보대회, 개구리 점프대회, 자선 키스대회 등등도 어찌 보면 싱거운 이들의 객기쯤 될지 모를 일이지만, 사람이 살아가는 재미란 이런 파격적인 엉뚱한 넉살 속에 있는 것은 아닐는지.

그러고 보니 우리는 항용 그런 장난기와 어떤 고집스런 취향 속에서 살아가고 있는 것 같기도 하다.

한꺼번에 칼 많이 삼키기, 쉬지 않고 오래 떠들기, 손톱 길게 기르기, 뱀하고 오래 지내기, 짧은 시간에 키스 많이 하기 등등, 별일이 다 한평생 사람 사는 곡절이라고 하니 그만하면 과연 만물의 영장쯤 될 법도 하리라.

나도 아랫도리가 팔팔할 때는 괴짜라는 말도 가끔 들어왔지만, 이제 낫살이나 먹고 보니 그 18번이라는 것도 예전처럼 잘 불러지지 않는다. 그러나 이제 나도 진짜 인생 18번쯤 한 곡 남겨야 할 것이 아닌가. 하지만 그럴 재주도 밑천도 없으니 어찌할 것인가. 이 어설픈 18번 타령을 농하는 일밖에는.

관성의 법칙

언제부터인가 안경을 쓸 때마다 왼쪽 머리카락 몇 올이 귀를 덮으면서 길게 흐느적거렸다. 그래서 이발을 해야겠다고 생각했다. 그러나 문득 그 머리카락만 잘라버리면 될 것을 하는 마음에서 몇 올 자르고 나니 한 달쯤 이발을 미루어도 되겠다는 생각이 들었다.

왜 그 간단한 일을 나는 미처 생각하지 못했을까. 스스로 우습기도 했다. 나의 의식 속에는 이미 습관화가 된 어떤 관성慣性의 법칙 같은 것이 자리하고 있었는지도 모를 일이다. 어느 분은 우리말에 '애'라고 할 말도 그 '애들'이라고, 복수형을 즐겨 쓰는 경우가 많은 것은 불특정 다수를 부정적으로 바라보는 오랜 시각 때문이라고 진단했다.

이를 좁게 보면 단 한 번 행동의 단서가 되겠지만, 길게 보면 업의 한 고리가 될는지 모를 일이 아닌가.

내가 잘 아는 사람은 평생 동안 시간을 지켜본 일이 없다고 했다. 처음에 그 말을 듣고 전혀 이해할 수가 없었다. 10분이나 5분쯤 일찍 나오면 될 일인데 말이다. 그러나 그에게 있어서는 그 일을 평생 동안 고치지 못하고 있다 하니 놀라운 노릇이 아닌가.

오죽했으면 자신이 결혼할 때 결혼식장까지 제때 도착하지 못했겠느냐며 웃었다. 사실 그는 한 번도 수업 시간을 지킨 일이 없다. 늘 몇 초 아니면 몇 십초 지각을 했다. 그러나 늦어도 2분을 넘기는 일이 없었다. 그래서 하던 말을 번번이 되풀이하게 된다. 너무 늦는다면 한 말을 어찌 되풀이하겠는가. 그에게 있어서는 세상에서 시간 지키는 일보다 더 어려운 일은 없다는 이야기가 될 것이다.

'세상에 이런 일'이라는 프로에 보면, 조창환 씨는 무려 30년 동안이나 딸꾹질을 계속하고 있다. 그동안 용하다는 병원은 다 다녀 보았지만 낫지 않았다고 했다. 그래서 PD와 함께 한방병원에 가서 진찰을 받아 보았다. 진맥을 마친 한의사는 '이미 몸이 딸꾹질하도록 적응이 되어버렸기 때문에 어쩔 수 없다'고 했다. 말하자면 딸꾹질이 체질화, 입력화된 것이라니 놀랄 일이 아닌가.

어느 화가는 말했다. 우리가 몹시 살기 어려웠던 시절에, 나무로 고기를 만들어 제사상에 놓고 차례를 지냈던 집도 있었다고 말이다. 아마 그 집 조상은 이를 보고 어쩌면 그 정신에

감탄했을는지 모를 일이 아닌가.

'들꽃세상을 위한 모임'에서는 1999년 봄부터, '동강의 비오리'를 시작으로 그 동안 '보길도의 갯돌', '가을 억새', '인사동 골목길', '새만금 갯벌의 백합', '지리산의 지렁이', 등에게 상을 주어왔다. 이런 일들은 참으로 우리들에게는 낯설게 느껴지는 것이 아닌가.

남녀가 서로 사랑하였지만, 세월이 흘러 행여 그 사랑에 오점을 남기게 될까 걱정이 되어 현해탄에서 같이 투신자살한 일화도 있듯이 말이다. 1926년에 호남 지주의 아들 김우진과, 일본에서 성악을 전공한 신여성이었던 윤심덕이 망망대해의 넋이 된 것도 오늘의 시각으로서는 매우 낯선 일일 것이다.

상처가 세상을 지배한다
그를 조심하지 않으면 안 된다.

— 원구식, 〈상처〉.

그렇다. 왜 상처가 세상을 지배하는가. 그런가 하면,

통곡하듯이 버린 것
떠난 것
되돌아오지 않는 것들이
맑은 음색으로 소근 거린다

는 윤강도의 〈산유수꽃〉이라는 시의 말도 이상하다. 통곡하듯이 버리고 떠난 것은 슬픈 사연들인데, 어찌 우리들을 맑은 음색으로 맞이할 수 있을 것인가. 자식이라는 존재는 당기고 밀어내야 제 구실을 하게 된다.

어떤 스님은 불교의 경전을 읽으면서 '어떤 일도 2분법은 없다.'는 것을 깨달았다고 했다. 어둠은 빛이 적은 것이고, 추위는 더위가 적은 것이다, 삶 가운데 죽음이 잉태되고 있듯이 말이다.

우리나라 전통의 문종이 즉 한지韓紙는 사실상 안팎을 가린다기보다 최소한의 소통을 위한 배려로 볼 수 있다. 아마 강풍쯤은 소통되지 않을까 싶다.

여치는 제가 울던 자리에서 밤을 헤아린다.

풀꽃

갑자기 사무실에 활기가 넘치는 듯했다. '안녕—' 하고 큰 소리로 외치면서, 키가 늘씬하고 얼굴이 흰 아가씨가 가톨릭교의 교황들이 쓰는 손바닥만 한 빨간 모자를 쓰고 나타났다. 그녀는 손잡이가 긴 사탕을 여러 개 들고 와서 여선생들에게 하나씩 나누어주었다. 그것도 그냥 주는 것이 아니라, '아—' 하고 자기가 입을 벌리는 시늉을 하면서 입에 물려주는 것이 아닌가.

마지막으로 나를 물끄러미 쳐다보더니 '이 양반에게는 그럴 수 없지?!' 하는 생각이 들었는지 약간 주춤하더니 고개까지 갸우뚱한다. 이 때 좀 근엄한 척 해야할지 웃는 얼굴로 분위기에 따라 처신해야 할지 잠시 멈칫하다가 그냥 웃고 말았다. 그랬더니 아니나 다를까, 그녀가 활짝 웃으면서 내 앞에 다가서는 것이 아닌가. 그리고는 그 사탕을 내밀면서 역시 '아!'하고 제 입부터 먼저 벌린다. 그렇듯 냉큼 받은 사탕을 녹여먹을 여유가 없어 깨트려 먹었다. 긴 손잡이 때문에 들고 있기 거북했기 때문이다.

이 사실을 보고, 나는 그녀의 세상 살아가는 법은 몇 점이나 될까 하고 생각에 잠겼다. 물론 그것은 그 사람의 성격이라고 간단히 치부해 버릴 수도 있을 것이다. 그러나 사는 일은 결국 사는 방법을 익히는 과정이 될 수밖에 없다. 우리가 일상을 소재로 수필을 쓰는 것은 신변사의 되풀이가 아니라, 신변사의 성찰과 그 수정을 말하는 것이 된다.

어느 분이 몹시 배가 아파 병원에 갔더니 의사가 '장腸이 꼬인' 까닭이라고 했다. 장이 왜 꼬이는가. 마음이, 생활이 꼬인 탓이다. '꼬이'고 '풀리'는 일이 세상 이치다.

중국에서 젊고 아름다운 여자의 나체 위에 음식을 차려놓고 식사를 했다고 해서 화제가 된 일이 있다. 식사를 하면서 그 미각과 시각, 촉각, 후각 등을 동시에 만족시키려 했던 것을 알 수 있다. 말하자면 욕망의 분화가 아니라 그 통합이었던 셈이다.

우리는 일이 잘 안되면 '일이 꼬인다'고 한다. 빨간 모자를 쓰고 사탕을 빨던 여인이나, 식탁용 여체는 즐거움을 선사하기 위한 일이니 '풀리는 일'이라 하겠다. 그러고 보면 행운을 불러오거나 불행을 자초하는 일은 운이라기보다 다분히 마음에 달린 일임을 새삼 느끼게 된다.

풀꽃평화연구소를 경영하고 있는 정상명, 그녀는 미국에 유학 중 방학을 맞아 시골집에 다니러 왔다. 그러나 고국에는 집도 어린 딸도 없었다. 집에 불이 나 23세의 딸이 타 죽었기 때문이다. 평소에 풀꽃을 좋아해서 이름도 초영草英이었다. 봄날 꽃짐을 지고 놀던 초영이, 노랑 국화와 대화하면서 놀던 초영이의 영혼을 기리기 위해 풀꽃연구소를 차렸다. 이 일에 힘과 정성을 다하면서 긴 고통의 터널을 거쳐오는 동안 마침내 '고통이 축복이 되었다.'고 세상을 향해 선언할 수 있었던 것이다. 득도란 바로 이런 것이 아닐까. 그렇다. 득도가 따로 있는 것이 아니다. 평범한 이들의 마음 속에 있을 뿐이다.

이렇게 가까이 등 기대고 있으면
그다지 외롭지 않게 한 평생 살 수도 있을 거라고

젊은 지아비가 지어미를, 어미가 어린 제 새끼를 껴안아
그렇게 실한 배추 속 들어가는 밭고랑에서

이것만은 온전한 내 몫이다.

잘 자라주었거나 그러지 못했거나
햇볕은 기꺼이 그 앞에 엎드려
알맞게 젖은 지푸라기 옆에 끼고

배추통 묶어간다.

〈가족〉이라는 시다. 우리 가족들이 '잘 자라주었거나 그러지 못했거나' '지아비가 지어미를, 어미가 어린 제 새끼를 껴안아' 사랑하면서 살아왔다면 '햇빛은 기꺼이 그 앞에 엎드릴'것이다. 그렇다. 우리는 햇빛만 닮으면 된다. 풀꽃만 닮으면 된다. 풀꽃은 어느 누구에게도 폐를 끼치지 않고 자기의 이상을 실현하는 평화주의자요 헌신자다. 시멘트 바닥에서도 조그마한 틈만 생기면 풀꽃은 돋아난다. 이 끈질긴 생명력을 보라. 풀꽃은 자기에게 주어진 천명을 다하면서 모든 생명을 가진 자에게 평안과 안식을 준다.

그런데 우리는 수염을 깎을 나이쯤만 되면 남 앞에서 사탕하나 빨아먹는 것이 왜 부끄러운 일이 되는가. '어린 아이로 다시 태어나지 않는다면 죽어서도 좋은 곳에 가지 못한다'는 말도 있지 않는가. 그래서 한 때 러시아에서는 수염을 기르는 이들에게 수염세까지 매겼는지 모를 일이다. 나는 오늘도 풀을 깎는 마음으로 수염을 깎는다.

입맛

5억 7천만 원짜리 점심상이라니 우리 같은 평범한 어버이들은 그저 어안이 벙벙할 뿐이다. 세계적 경영인인 버핏이 중국인 기업가와 낙찰을 본 점심 한 상이 웬만한 집 한 채 값보다 비싸니 말이다. 물론 같이 점심을 먹으면서 경영이나 투자에 대한 이야기를 나누게 되면 거기서 얻게 되는 지식으로 결국 본전을 뽑게 될는지 모르지만, 우리 같은 서민들의 머리로서는 감히 상상하기조차 힘든 일이다.

그만한 돈이라면 굶주리고 헐벗은 중동지역 어린이들 몇천 명을 먹이고도 남을 것이 아닌가. 매일 16억씩 벌어 들이는 컴퓨터 제조업체 스티브 잡스 같은 사람이 아니고서는 꿈도 못 꿀 일이다. 아마도 그만한 점심상을 차리려면 요리를 만드는 사람은 말할 것도 없고 많은 사람들의 노고가 깃들었을 것이다. 그 재료 또한 세계 여러 곳에서 구해왔을 것이니, 적잖은 경비가 들었을 것은 물론이다.

아무려나 우리나라에서는 밥에 붙여진 이름도 무려 1백여 가지가 된다고 한다. 재료에 따라 콩밥, 팥밥 등, 기구에 따라 가마솥 밥, 냄비 밥, 밥을 먹는 상황에 따라 들에서 먹는 들밥, 모내기 밥, 먹는 사람에 따라 머슴 입시, 왕이 먹는 수라상, 얻어먹는 드난밥 등등.

이쯤 되면 음식이 단순히 위장만 채우기 위한 것이거나 입맛을 즐기기 위한 것은 물론 살기 위한 방편이기보다 문화나 상술의 하나가 된 것을 알 수 있다. 그동안 술이 그 역할의 일부를 담당해왔으나, 지금은 골프장이나 밥상머리가 중요한 토론의 장이 된 것을 또 한번 실감하게 된다. 이렇듯 사람이 먹고 입는 일이 왜 이렇게 요란스러운지 모르겠다.

워싱턴 포스트지에 따르면 미국 워싱턴에서 세탁소 세 곳을 운영하는 정씨 부부는 2005년 고객인 변호사 피어슨 씨가 맡긴 세탁물 바지를 잃어 버렸다. 바지가 없어져 양복을 다시 사야 하니 1150달러를 물어내라고 했다. 세탁소는 1만2천 달러까지 제시하며 소송을 피하려했다. 그러나 지난 2년간 소송 준비로 쓴 개인 시간 1백 시간도 '고급인력' 임금에 맞춰 받아야 한다고 주장하는 등 무려 6백억원에 이르는 배상 소송을 제기했다는 것이다.

그러고 보니, 4백만 원짜리 청바지 이야기도 범상하게 들리지 않는다. 하루 벌어서 하루 먹고 사는 사람들에게는 전설 같은 이야기로 들릴 것이다.

뱀처럼 자신이 두꺼비에게 잡아먹혀야 종족을 번식할 수 있는 짐승도 있지만, 요즘 베짱이는 겨울에 개미집에 밥을 얻어먹으러 가지 않아도 된다고 하지 않던가. 노래방에 가서 돈을 많이 벌기 때문이라고 한다. 이러한 사실은 무엇을 말하는가.

짐승이나 곤충들도 그들 나름대로 비록 저급할지라도 하나의 문화를 만들어 가고 있는 것이 아닐까 하는 생각을 하게 된다. 사람이 먹는다는 것이 음식문화이듯이 말이다. 각국의 음식문화가 모두 다르기 때문에 다양한 문화적 가치가 형성되는 것이며, 또한 그 통합의 논리가 대두되게 마련인 것이다. 그래서 제비집 요리나 곰발바닥 요리, 상어지느러미 요리와 모기 눈깔 요리도 한몫 보게 된다.

사람은 자기들끼리 죽일 줄 알기 때문에 식인종의 수가 줄어들어도 상관없겠지만, 우리는 역사를 통하여 이른 바 호식虎食이라고 하여 범이 사람을 잡아먹어야 했던 이유를 알만하다.

> 아침 됩니다 한밭 식당
> 유리문을 밀고 들어서는,
> 낮 검은 사내들,
> 모자를 벗으니
> 머리에서 김이 난다

구두를 벗으니
발에서 김이 난다

아버지 한 사람이
부엌 쪽에 대고 소리친다,
밥 좀 많이 퍼요.

〈현대시〉에 실린 윤재림의 '가정식 백반'이란 시다. 새벽부터 공사장에서 일을 하고 온몸에 김이 무럭무럭 나는 우리 아버지들의 눈물 어린 생존경쟁의 현장을 말해주는 서민의 애환이 서려있다. 그나마 우리 세대는 살만한 편이 아닌가. 지금 세계 곳곳에서는 3초에 한 명꼴로 굶어 죽어가는 사람이 있다고 하지 않던가. 이들을 생각하면 6억 원에 가까운 밥이 목구멍을 타고 넘어갈 것 같지 않다. 세상은 '요지경 속'이라고 목청을 돋워가며 불러야 했던 노래가 어떻게 우연히 유행했겠는가. 아무리 '잘 난 사람 잘 난대로 살고 못난 사람 못 난대로 산다' 해도 그렇지.

아무려나 먹는 이야기로 시작한 글이니, 혜안과 황우 두 스님이 만병통치약으로 속여 판 송장의 물맛으로 끝낼 수밖에, 이차돈의 피 맛으로 말이다.

어떤 행복

나는 지금 껌을 씹고 있다. 한 번 두 번 껌을 씹을 때마다 계속 '행복, 행복' 하고 마음속으로 속삭여 본다. 길을 걷다보면 버스들이 '승차할 때 미소가 하차할 때 행복으로' 라는 현수막을 두른 채 열심히 달리고 있다.

요즘 서점에 가보면 행복에 관한 책들이 십여 권이나 나와 있다. 심지어 '행복 공장'이라는 책까지 선을 보이고 있다. 공장에서 마구 행복을 찍어 낸다는 이야기가 아닌가.

사실 옛날에는 행복을 무지개나 파랑새에 비유했다. 칼 붓세라는 시인은 행복을 찾아 무지개를 따라 나섰다가 끝내 잡지 못하고 눈물만 글썽거리며 되돌아오지 않았던가. 파랑새도 마찬가지다. 잡으려 하면 폴폴 날아가 버린다.

그러나 지금은 행복이란 그와 같이 잡히지 않는 먼 곳에 있는 황홀한 것이 아니라, 자전거를 타거나 승용차를 운전하듯 행복의 기술을 익히면 쉽게 잡힌다고 한다. 그래서 살아가면서 부단히 행복을 낚는 연습을 하라는 것이다.

대구에 사는 어떤 분은 자기가 가장 행복했던 사건을 다음과 같이 이야기하고 있었다.

함박눈이 눈앞을 가리며 펑펑 쏟아져 온 세상을 뒤덮던 날, 아버지는 누런 가방 안에 우편물을 가득 담고 집에 오셨다. 호기심에 가방을 뒤적이다 내가 잘 아는 이웃집 사람들의 우편물을 찾아들고, 강아지처럼 온 동네를 촐랑촐랑 뛰어다니며 전해 주었다. 그렇게 아버지를 도울 수 있었던 때가 얼마나 행복했는지, 지금도 함박눈이 펑펑 내리면 나는 행복에 젖곤 한다.

이런 이야기를 듣고, 참으로 행복이란 싱겁고 멋없는 것이로구나 하고 생각하는 이가 있을는지 모른다. 이렇듯 행복이 쉽게 찾아온다면 무슨 걱정이냐고 말이다. 하지만 세상에 행복보다 더 흔한 것이 없다는 것을 우리는 잘 알고 있다.

천년 만에 한 번밖에 피지 않는다는 꽃도 있고, 2년 만에 피는 꽃만 먹는다는 파듈라 달팽이란 놈도 있다. 그만큼 행복은 또 귀한 것이기도 하다.

나는 껌을 씹으면서 이 글을 쓰다가 그만 씹던 껌을 삼키고 말았다. 벌써 몇 번째인가. 껌이 넘어가다가 내장에 붙으면 살이 헐어서 큰 병이 날 수도 있다고 한다.

그런데 하버드대학에서 선정한 '참살이를 위한 20가지 충고'

에서는 껌을 씹으라고 했다. 침샘을 자극하면 면역물질이 생성되는 까닭일 것이다. 화가 나면 그 분노를 자각하고 응시하라고 했다. 걸음을 걸으면서 거기에 정신을 집중하라는 틱낫한의 조언도 있다.

웨인 다이어는 '기억하라, 너는, 네가 생각하는 바로 그것이 될 것이라'고 ≪마음의 습관≫에서 선언했다. 그는 또 '현대인의 불행과 스트레스는 하나의 환상일 뿐'이라고 한다.

마더 테레사만 생각해도 면역강화 물질이 생성되기 때문일 것이다. 내가 만일 씹던 껌을 몇 번 삼켜서 내장에 붙은 채 큰 병을 일으킨다고 밤낮으로 시름에 잠긴다면 어쩌겠는가.

내가 살쾡이나 쥐벼룩 바퀴벌레로 태어나지 않고 사람으로 세상에 온 것만으로도 얼마나 큰 축복인가. 그렇다. 행복은 천지에 가득 차 있다. 성경에 보면 하느님이 우리를 위해서 십자가에 못까지 박혀 죽었고, 석가는 온갖 고행 끝에 해탈의 길까지 가르쳐 주지 않았는가. 그만한 복이니 더 바랄 것이 없겠다.

집에서 잠시 쉴 때도 가족을 즐겁게 해줄 수 있는 일은 무수히 많다. 발을 씻어주거나, 어깨나 손을 주물러 주거나, 재미있는 놀이나 여행 같이 가기, 흥미 있는 이야기를 들려주는 등 끝이 없다. 우리는 서로 행복하려고 세상에 태어났고 결혼도 하고 아들딸들도 낳았다.

"말씀인즉 그렇소만, 어디 그렇게 되던가, 이 철없는 애송이야 쯧쯧." 제발 딱한 소리 그만 하라는 이도 있다. 그렇다면 혼자 살면 된다. 그것도 안 되겠다면, 차를 운전하는 재주처럼 마음 운전하는 법만 익히면 된다. 그것이 사는 이치다.

'혹시 나 때문에 불편한 것이나, 내가 해주었으면 싶은 것, 혹은 뭐, 먹고 싶은 것은 없느냐'고 가끔 물어보기만 하면 된다. 적은 몫으로 만족할 줄 알고, 서로 생각이 다른 까닭에 모든 것을 의논해서 하면 된다. '참! 그렇군, 그것을 깜빡했네. 당신이 옳았어, 미안.' 하고 늘 맞장구만 치면 된다. 마음도 진화한다. 그 고비를 넘기면 된다.

어떤 행복, 그래 파둘라 달팽이처럼 잠시 쉬고 싶은 간택簡擇이여.

꽃 피우기

지하철을 걸어나오다 보니 걸인이 연필을 들고 손님들에게 구걸을 하고 있었다. 뜻 있는 이들마다 지폐 한 장씩을 건네주면서 연필을 받지 않고 그냥 가는 것이 아닌가. 그래서 그 걸인은 아예 돈 받을 생각만 할 뿐, 숫제 연필을 건네줄 생각은 않고 있었다. 그 때 같이 길을 걷던 미국의 기업가 카네기는 연필을 한 자루 사면서, 연필은 물론 정확하게 거스름돈까지 챙기며, '당신도 연필을 파는 사람이니 당당한 장사꾼이요, 말하자면 한 사람의 기업인이라고 할 수 있단 말이요.' 하고 어깨를 툭 치면서 웃으며 지나가는 것이었다. 그때 그 걸인은 멈칫하면서 '그렇다. 나도 명색이 연필을 팔고 있으니, 그 사람 말대로 장사꾼이 분명하지 않는가. 구걸을 한다고 생각하면 걸인이요 장사를 한다고 생각하면 장사꾼이니….'하고 그 이튿날부터 그는 정장을 하고 연필을 팔았다. 말할 것도 없이 그는 훗날 세계 굴지의 기업가가 되었다.

평소에 '응, 그래.'라는 말밖에 하지 않는 스님이 있었다. 어느 집에 시집도 안 간 처녀가 아이를 낳았다. 그녀는 '네 신랑이 누구냐?'고 다그치는 아버지의 분노에 혼비백산하여 그만 그 말없는 스님의 이름을 대고 말았다. 그 길로 아이를 안은 채 절에 도착한 아버지는 스님에게 분풀이를 한 후 아이를 맡기고 왔다. 그 후 오랜 세월이 지나자 처녀는 그 스님에게 지은 죄책감을 더 이상 감당하지 못하여 자초지종을 아버지에게 털어놓고 죄를 빌었다.

끝내 절을 다시 찾게 된 그 부녀에게 스님은 또 '응, 그래.'하고 말하면서 다 키운 아들을 돌려주는 것이었다.

수필 한 편을 쓰기 위해 골몰한 탓인지, 잠결에 수필의 착상이 될 만한 꿈을 꾸었다. 꿈에서 나는 꽃을 든 채 자유자재로 하늘을 날고 있었다. 지상의 많은 사람들이 나를 부러운 눈으로 쳐다보곤 했다. 그 때 누군가가,

'사람이 하늘을 나는 것은 대지가 꽃을 피우는 것과 같다. 수필은 꽃을 피우는 일이 아니냐'고 넌지시 부러워하는 듯 말을 했다. 그 말을 듣고 나는 '하늘을 나는 비행기는 구름을 피해 가지만, 나는 구름을 불러 같이 노닐었다'면서 잠을 깼다.

글쎄, 이 세 가지 이야기들은 서로 상관이 없다. 상관이 없는 것을 묶는 것을 문학에서는 '폭력적 결합'이라고 한다. 내가

수필 한 편을 쓸 인연이 닿았을 때, 사실은 급히 끝내야 할 어떤 일에 열중하고 있었다. 이 일을 마무리해 놓고 수필을 쓰느냐 아니면 수필부터 써놓고 일을 끝내느냐 하고 잠시 망설이게 되었다. 그 때 문득 일을 하면서도 수필을 구상할 수 있지 않느냐 하는 생각이 들었다. 말하자면 두 가지 일을 같이 할 수 있다는 계산 때문이다.

그런데 사실 오늘날 우리는 인위적으로 분업이다, 단순 기계 조작이다, 반복의 연속이다 하여 일을 놀이와 분리시킨 결과를 초래한 까닭에 문제가 생긴 것을 알 수 있다. 저 유명한 경주의 불국사나 그 당시의 생활 용품이라고 할 수 있는 이조의 백자, 고려의 청자 등을 생각해 보면 알게 된다. 예술품을 빚는 그 장인정신 앞에 어찌 고된 노역이 고통을 수반한다고 할 수 있겠는가. 승화의 예술혼은 바로 영혼의 법열이기 때문이다. 그래서 지금은 다시 옛날로 돌아가 도형과 문자, 만화 캐릭터 등을 활용한 '재미와 기능 즉 일과 놀이를 겸한' 이른바 퍼놀로지(Fun+Technology) 상품이 뜨고 있는 것이 아닌가. 이처럼 백화점이다, 찜질방이다 하는 곳들이 사실상 놀이공간을 겸하고 있는 것을 알게 된다.

노동자들이 그처럼 무리를 지어 함성을 지르고 분신까지 하게 되는 이유는 무엇인가. 노동에서 재미를 빼앗아버렸기 때문이다. 고통만 안겨준 까닭이다. 수필이 변해야 하는 까닭도 알만하다. 재미없는 수필 또한 읽는 고통만 안겨준 꼴이 된 것이다. 우리 인류가 버려야 할 가장 위험한 유산은 '인생은 고해'라는 망언이다. 인생은 고해가 아니라 '환희'인 것이다. 나는 꿈에 하늘을 날면서 얼마나 기분이 좋고 즐거웠는지 모른다. 세상 모든 사람들이 축복해 주었을 뿐 아니라, 하늘에 나는 새들은 말할 것도 없고 삼라만상이 모두 성원해 주었다.

비렁뱅이에서 일약 세계적 거부가 된 이는 얼마나 기쁘겠는가. 마음을 비운 스님도 즐겁겠지만, 고통을 비운 마음보다 즐거움을 채운 마음이 더 아름다울 것이다.

우리가 만약 진화론의 입장이 된다면, 생명의 각 개체마다 쉼 없이 머물러왔을 것이니 그들은 두루 나의 형제들인 것이다. 역시 창조론적 처지에 선다면 같이 신의 품에서 선택받은 목숨들이니 우리 또한 같은 형제들이 아닌가. 지금은 분열의 시대가 아니라 통합의 시대다. 인터넷 넌센스 퀴즈 중 교수와 거지, 아줌마와 조폭처럼 별 상관이 없어 보이는 것들 사이에서 찾은 공통점을 보면, 재치가 넘치고 나름대로 철학이 느껴지기도 한다. 세상 만물의 분류체계는 발상에 따라 천차만별일 수밖에 없기 때문이다. 일과 놀이는 둘이 아니다. 개의 불알을 닮은 큰개불알풀꽃도 봄까치꽃이라는 이름을 하나 더 가지고 있다.

작년 봄에 이 긴 이름의 꽃과, 책 한 권을 나에게 전해주면서 귀밑 볼을 붉히던 그녀에게 오늘은 봄소식이라도 전해주고 싶다. '황소걸음사'에서 펴낸 ≪풀꽃 친구야 안녕?≫이란 이 책표지를 볼 때마다 늘 미소짓게 되고 마침내 행복해진다. 나는 꽃들이 수놓은 뜰 안을 거닐듯, 한 걸음 한 걸음 황소걸음으로 서정주의 '진달래 꽃비 오는 서역 삼만 리'까지 걷는다. 가다가 날 저물면, 거기 카네기의 절종寺鐘소리 여승의 애틋한 후렴처럼 듣는다.

건강

내가 제일 좋아하는 말은 건강이다. 그래서 가나다순으로도 첫 번째를 점하고 있는 것이 아니겠는가. 이를 거꾸로 읽은 강건剛健이란 말도 같은 뜻이다. 사전에 보면 이 강건이란 말이 다섯 가지로 나와 있는데, 말할 것도 없이 모두 건강하다는 이야기다. 사실 이 가나다순에 있어서 선두주자에 역시 깐, 꿈, 끈 등 중요한 낱말들이 나오고 있다.

모든 존재는 건강하기 때문에 제 몫을 다하게 된다. 건강을 잃으면 존재, 그 자체의 의미가 상실되고 만다. 그래서 건강은 모든 살아있는 것들의 그 본질적 의미가 되는 것이다. 건강하지 못한 것은 부재不在보다 못하기 때문이다. 부실은 곧 고통을 수반하는 까닭이다. 물론 고통과 시련이 성숙을 위한 도정이라는 말도 있다. 물론 그럴 수도 있겠지만, 어쩌면 얼마나

가소롭고 애처로운 위안이 될 것인가.

학생들과 문학기행을 가서 한 방에서 한담을 즐기고 있는데, 한 통의 전화가 왔다. 건강검진 결과 대장암 소견이 나왔으니 큰 병원에 가보라는 통보였다.

국립 암센터나 대학병원 등에 입원하기 위해 어느 정도 신변정리를 하였으나 역시 이를 받아들이기까지 마음은 갈피를 잡지 못했다. 한동안 저항과 갈등 및 순응이라는 과정을 오락가락하게 되었다. 그러나 이상하게도 이런 과정들이 24시간을 넘기지 못한 채, 마음이 몹시 편안해지는 것이 아닌가. 그렇다. 내가 이제 모든 것을 순순히 받아들인 탓일 것이라고 생각해 보았지만, 꼭 그런 것만은 아닌 것 같았다. 거짓말 같이 이렇듯 마음이 평온할 수가 있겠는가 말이다.

마침내 대학병원에서 대장 내시경 검사를 받고 보니 별다른 이상이 없었다. 의사는 이물이 좀 보여 처방을 했을 뿐이라고 한다. 일주일분 약만 지어 주었다. 대장암 소동은 이렇게 끝난 셈이다.

일본의 곡구谷口 씨가 펴낸 〈무병건강의 정체〉라는 책을 보면, '병 없다'는 생각, 즉 병을 마음에서 떼 내어버려야 낫는다고 한다. 병을 인정하고 나면 낫기 어렵다는 것이다. 있는 것을 없게 한다는 것은 힘이 들지만, 처음부터 없는 것은 이미 완전한 것이 아닌가.

우리의 손바닥에서는 일종의 생명자기적 파장이 나온다. 러시아의 그로비치 교수는 이를 미토겐 선이라고 불렀다. 우리가 질병을 고쳐야겠다고 생각하면 이 선이 손바닥에서 나온다고 했다. 그러나 이 경우 역시 병에 걸렸다고 병을 인정하게 되기 때문에, 병을 마음에서 떼어놓기 위해 위 책에서는 '인간에게는 원래 질병이 없다'고 가르친다. 뿐만 아니라 병을 치유하겠다는 염력念力이 또한 병을 다스려 줄 것이 아닌가.

어느 여인은 오랫동안 기르던 애견이 죽자, 애견을 따라 자살했다. 경찰이 그 여인의 유서를 발견했는데, 자기가 애견에게 쏟은 사랑이 모자라 개가 죽었다면서 괴로워해 왔다고 했다. 부모가 죽어도 같이 죽지 못하는 세상인데, 나는 이해할 수가 없었다. 그만큼 늘 사랑이 부족한 사람이어서 그럴까. 아니면 제 일신만 애지중지 사랑해온 탓일까. 하기야 프랑스 샹송계의 신화적 여가수 에디트 피아프는 평생 동안 외로움에 시달렸다고 하니 애완견이 그녀의 사랑을 한 몸에 받을 수밖에 없었을 것이다.

세계 최고 부자 애완동물은 독일 셰퍼드인 '군터 4세'로, 유산으로 받은 재산만 1억 8천만 달러에 달한다고 하니 더 말해 무엇하겠는가.

너를 부르면
영원을 날아오르는 새떼들
희야, 너는 어디서 와서 목을 놓는가
강물은 흘러가도

우리는 다시 울지도 못하네
우리들이 가고 난 저 벌판에서
부엉이는 한나절을 서성이는가
노을이 머문 개울가에
달빛처럼
너가 보고 싶다
보고 싶다

— 졸시 〈노래는 남아〉에서.

그렇다. 건강은 바로 사랑의 개념이 아니겠는가. 병이 증오요 부패이듯이 말이다. 천당과 지옥이라는 이분법이 여기서 비롯된다 해도 좋을 것이다.

일찍 부모를 여의고 숙부 밑에서 구두 수선 기술을 배우려던 데이비드 로이드 조지가 칼을 꺼내 돌다리 난간에 D.L.G라고 자기 이름의 첫 글자를 새겨 놓았다. 결코 평범한 구두 수선공으로 살지 않겠다고 결심한 것이다. 그 소년은 훗날 영국의 20대 수상이 되었다. 현실에 안주하면서 나약하고 우유부단한 삶을 살았다면 그는 이름 없는 막장에 갇힌 생을 마감하고 말았을 것이다.

진취적이고 긍정적이며 건강한 정신을 소유했기 때문에 인류역사에 위대한 발자취를 남기게 된 것이다. 우리는 한 마디로 건강을 위대한 사랑의 정신이라고 부를 수 있을 것이다.

그래서, 나는 '건강의 근원이며, 사랑의 근원으로서, 행복의 근원'이라는 좌우명을 늘 외우면서 살아가고 있는 것이다.

건강은 꿈에 그린 낙랑공주의 보조개다.

하나

어린이들은 '혼자'나 '개체'라는 개념이 없다. 나는 엄마와 아빠, 그리고 집이나 이 우주가 서로 따로 떨어져 있는 것이 아니라, 하나로서 전체라고 생각한다. 분리라는 개념이 없기 때문이다. 오직 '전체'라는 개념밖에 없다. 말하자면 '개체생명'이란 없는 것이고, '온 생명'만 있다. 이 얼마나 정확한 생각인가. 세월은 목숨의 흔적이다. 산신령의 불알이다.

부시맨들은 하나, 둘 정도만 생각한다. 셋만 되면 벌써 골치가 아프다. '많다'는 것이 골치 아픈 것인데, 우리는 오직 많을 다多 자에 목을 매단다. 적다는 것은 곧 죄가 되는 세상이기 때문이다. 부시맨들의 똥까지 헤아린다. 분단分斷이 죄가 되는 까닭이 여기에 있다. 욕심은 고통의 함수다.

따지고 보면 우리들의 그 38선이라는 것도 사실은 눈에 보이지 않는 것이 아닌가. 다만 인위적으로 철조망을 치고 군사 분계선이니 휴전선이 38선이니 하고 개념을 붙였을 따름이다. 땅이 어떻게 분할될 수 있겠는가. 홍수가 져서 떠내려간다 해도 지면이 내려앉았을 뿐 사실상 땅은 그대로 있게 마련이다. 이 우주 공간에서 없어진 땅의 흔적만큼 뻥 구멍이 뚫어져버린 것은 아니다. 그렇다면 진실로 없어진 것은 무엇인가.

일백여 쌍의 저어새들이 힘찬 날갯짓을 하면서 떼 지어 날아가는 장관을 보면 알 것이다. 비호처럼 날아가는 하늘의 운무들을 보면 알 것이다. 그들에게 지상의 분단이 무슨 의미가 있단 말인가. 분할의 경계만큼 진실로 하늘을 끊어가지 못하는 것을.

> 가시철조망 위를 나는 새의 깃 소리처럼, 한시대의 부드러운 독毒처럼 번지는 황달. 노을이 걸린 쓸쓸한 지구의 변두리에서 그의 몸은 진흙처럼 썩었다. 누런 보리밭의 일렁임 같은 간肝. 소주보다도 적막한 지명地名. 주문처럼 외우던 지명 위에 어린 날에 본만큼 눈이 내리고, 눈에 덮인 그 지명에 그는 가지 못했다.
>
> — 허만하, 〈화가의 죽음〉에서.

우리도 DMZ를 둥지 삼아 남북을 마음대로 오고가는 저어새들의 함성처럼, 마음은 언제나 핏줄 따라 오고 가는 것이 아니겠는가.

우리는 하나다. 삶과 죽음도 둘이 아니고 하나다. 천당과 지옥도, 너와 나도 둘이 아니고 하나다. 남편과 아내는 일심동체一心同體라고 하지 않았는가.

내가 군에 복무할 때였다. 제대를 얼마 남겨놓지 않고 최전방에 배치되었다. 추운 겨울 날 초소에서 문고리를 잡으면 손이 쩍쩍 얼어붙고, 소피를 보면 오줌줄기가 삼분의 일 쯤 얼곤 했다. 비가 계속해서 내릴 때는 보급이 안 되어, 소금 없는 반찬을 그대로 먹기도 했다. 한 번은 병사들이 꿩을 한 마리 잡아 국을 끓였는데, 맨 국이었다. 소금이 떨어졌기 때문이다. 아직도 나는 그 밋밋한 맛을 잊지 않고 있다. 빛과 소금이 되라는 말을 들을 때마다 그 놈의 꿩국이 생각나곤 한다.

그 때 나는 분대장을 맡고 있었는데, 밤중에 분대원 중 한 병사가 벌벌 떨면서 신고를 하는 것이 아닌가. 바로 옆 초소에서 보초를 섰던 사병의 목을 누가 베어갔다고. 그 처참하던 모습을 생각하면 살아 있다는 것이 늘 부끄럽다는 생각을 떨쳐버리지 못하고 있다. 그런 난리통에 나는 신기록을 세웠다. 분대장을 하는 동안 한 번도 분대원에게 손찌검을 하거나 언성을 높인 일조차 없는 유일한 상사였다고 말이다. 그들은 모두 나를 형님처럼 대해 주었고, 나는 친동생처럼 거두어 주었기 때문이다. 내가 제대 발령을 받고 떠나 올 때, 그들이 눈물을 보인 것도 신기록에 속할 것이라고 했다. 부대에서 혼자 대자연

속을 걷고 또 걸어서 균기를 쏟아냈다. 자유가 맨살을 비비면서 선시禪詩를 낭송하고 있었다.

우리가 너무나 잘 아는 골베신부는 나치 수용소에서 동료 수용자 대신 죽어가지 않았던가. 소록도 나병환자 촌에서 그들을 치료하고 수발하던 신부가 스스로 자기 몸에 나병균을 주입하여 나병환자가 되지 않았던가. 아무리 정성을 들여도 나환자와 성한 사람과의 그 무언의 벽을 허물 수 없었기 때문이다. 그러나 우리는 결국 하나다.

미사일이 날아오고, 저어새가 오고 가는 세상에서, 새삼 그 당시 생사고락을 같이 한 분대원들이 그리워진다. 그 때 문득 그 비명횡사한 병사의 피 묻은 모가지가, 천길 백마강 물결 속에서 솟아오르고 있었다.

매

'울지 않는 아이가 어디 있겠는가' 하고 어느 장님이 자신의 덧니가 빠진 자리를 가리키면서 말했다. 요즘 세계 여러 나라에서는 잘 웃는 법을 익힌다고 여념이 없다. 여러 곳에 웃음연구소가 한창 시세를 올리고 있다. 그러나 갓난 아이들이 배냇 웃음보다, 우는 소리부터 먼저 배우는 것을 보면 나는 마음이 편하지 않다.

뉴질랜드에는 날지 못하는 새가 있다. 주위에 먹을 것이 너무 많기 때문에 힘들여가며 날아다닐 필요가 없기 때문이다. 누구는 꽃이 피기 위하여 칼날 같은 아픔을 겪는다고 했다. 글쎄 벼락이 떨어져야 사람도 살 수 있다는 말이 아닌가.

전기가 없으면 무슨 동력으로 산업을 일으켜 사람이 잘 살 수 있겠는가. 수력이나 풍력이나 내리치는 것은 마찬가지가 아닌가.

어느 양봉업자가 일 년 내내 벌꿀을 채취하기 위해서 겨울이 따로 없는 사시사철 따뜻한 나라로 벌집들을 모두 옮겼다. 그러자 벌들은 꿀을 채취하여 비축하지 않는 것이 아닌가. 겨울이 없어 언제나 꽃이 피어 있으니 그때그때 필요할 때마다 항상 꿀을 먹을 수 있기 때문이다.

> 쳐라 가혹한 매여 무지개가 보일 때까지
> 나는 꼿꼿이 서서 너를 증언하리라
> 무수한 고통을 건너
> 피어나는 접시꽃 하나
>
> — 이우걸 〈팽이〉 전문.

산모의 고통을 누가 모르겠는가. 청어가 살고 있는 물속에 가물치를 넣으면 청어의 수명이 길어지듯이 말이다. 가물치에 잡혀 먹히지 않기 위해 안간힘을 쓰다보면 수명인들 어찌 연장되지 않겠는가.

고통없이 이루어지는 것은 없다. 베토벤, 도스토예프스키, 프루스트 등이 매독, 간질환자, 천식환자들이었듯이 말이다. 우리나라에서도 나도향, 이육사 이광수 등이 결핵을 앓으면서 예술작품을 창작하였을 뿐 아니라, 일본 노인들은 지금 고독해서 죽고 있다는 소식이 예사로 들리지 않는다.

어디 그뿐인가. 매로 쳐라. 분노는 또한 그렇게 관리되는 것이 아닌가. 전쟁도 분쟁도 사실상 집단적 분노의 관리법이 아니겠는가. 분노란 생사의 위기에 처했을 때, 자기 방어를 위한 무의식적 공격기제인 것이다.

별 또한 윤동주의 입을 빌리지 않더라도 개체적 운명의 자기 확인, 그 상징인 것이다. 무지개가 보일 때까지 치면 별이 떨어지듯이 그 고통의 중심에서 무지개는 피어나게 된다. 그래서 별이 떨어질 때까지 몹시 치는 것이리라.

고통을 건널 때 비로소 우리는 증언하게 된다. '그 고통을 넘어 접시꽃 하나 곱게 필 것'이라는 것을.

산야초山野草를 마셨다. 산과 들에서 나는 약초를 특수공법으로 제조한 것으로 몸에 좋다고 주는 것을 두 병째 마셨을 때, 요의尿意가 있더니 잠도 못 자고 약 36시간 동안 변기에 그냥 앉아 있을 수밖에 없었다. 약을 지어 먹어도 점점 증상이 심해질 뿐이었다. 하는 수 없이 서울에라도 가야하겠다는 생각을 하고 택시를 탔는데, 기사 양반이 '어디로 모실까요' 한다. '고속버스 터미널로 갑시다' 하니 '급하신 모양이죠' 하고 웃는 것이 아닌가. '오줌소태 때문에…' 하고 웃었더니, 어느 병원으로 직접 안내하는 것이었다. '제가 오줌소태에 걸려서 병원마다 가서 진찰을 받았지요. 이 병원 이외는 글쎄 영문도 몰라요, 담석 때문이라는….'

그랬다. 지금까지 먹은 약은 증상만 더 심화시켰을 뿐이었다. 우연히 그 기사양반을 만난 덕분에 사흘 만에 증상이 사라졌다. '병을 다스리는 사람은 의사고, 못 고치는 의사는 돌팔이다. 한국의 용한 민의民醫들이 왜 매를 맞아야 하는가.' 하고 부산지방 황 판사는 신문에서 언성을 높였다.

뉴욕 타임스에 의하면 남녀가 육체적 사랑을 나누는 이유를 237가지나 들었다. 나는 자신에게 스스로 매를 드는 이유를 그만큼 들고 싶은 것이다.

情

신춘 담론

하루살이

백화점 참관기

선사의 빗소리

구름

버림의 미학

행복의 기술

행복의 징검다리

실수

情

나는 한자 중에 '정情'자를 제일 좋아한다. 부富, 권權, 승勝 등 좋은 글자들도 많은데 왜 하필 그런 구질구질하고 널픈수 없는 글자를 좋아하게 됐느냐고 묻는 이가 있다면 별 할 말은 없지만.

그렇다면 차라리 '애愛'자가 더 좋지 않을까 하는 이도 있을 것이다. 하지만 그 글자는 너무 변덕이 심해서 싫다. 그렇듯 철저히 끈적끈적할 만한 위인도 못된다. 그 말은 또 다분히 선택적이 아닌가 싶다. 아무나 사랑하기 힘들고. 애완동물 같은 것을 보고 정이 간다면 몰라도 사랑한다고 떠벌릴 수는 없을 것이다. 그래서 나는 사람에게 가장 값진 것은 정이 아닐까 생각해 본다. 사람에게 정이 없다면 이 세상은 삭막해서 살맛이 나지 않을 것이다. 생명의 입김은 아마 이 축축한 정의 덕이 아닐까 한다.

정은 기웃거리는 법이 없다. 참으로 속 넓은 박애주의다. 정은 어디든지 달려간다. 형체가 없는 상상의 세계까지도.

나는 작년에 오랫동안 쓰던 집 전화번호를 바꾸었다. 3국의 4429가 243국의 3455로 변경된 것이다.

맨 처음 우리 집에 전화를 들여놓을 때 전화국 사람이 "그 전화번호 한번 좋구먼."하던 말을 기억하면서 나는 '442에 짓고 가보'라고 우리집 전화번호를 은근히 자랑하는 글도 쓴 일이 있다.

그런데 그 전화를 부득이한 사정으로 바꾸고 보니 어쩐지 그 옛 전화번호가 영 잊혀지지 않는다. 10여 년을 하루같이 식구들의 손끝이나 입술에 맴돌던 정다운 인연의 숨결과 떠나게 되다니, 비록 하찮은 숫자에 지나지 않으나 섭섭한 마음을 금할 수가 없다. 숱한 나날 동안 사귀던 연인을 떠나 보낸 듯 몹시 애잔하다 할까. 애련한 마음까지 든다.

3국의 4429. 그 번호를 지금은 누가 사용하고 있을까. 나는 며칠간 그 번호를 조심스럽게 돌려보곤 했다. 그때마다 통화 중 신고가 걸렸다. '아까운 것이 아직도 주인을 못 찾은 탓일까' 하고 나는 속으로 중얼거렸다. 그러다가 한 열흘쯤 지났을까. 그동안 허공에 떠 있던 그 번호로 신호가 가는 것이 아닌가. 이제 새 주인을 만났구나 하는 안도의 숨을 내쉬면서도. 한편으로는 안타까운 생각을 떨쳐버리지 못한 채 엉겁결에 수화기를 놓고 말았다. 그리고 종전 전화번호를 그대로 쓸 걸 그랬어

하는 후회스런 생각마저 했다.

우리가 쓰던 그 옛 전화번호를 갖게 된 이는 어떻게 생긴, 무엇하는 사람일까, 한번 만나보고 싶다. 그러다 막상 전화기 앞에 다가서다가 끝내 다이얼을 못 돌리고 만다.

'별 희한한 사람 다 보겠군. 자기네들이 옛날에 사용했던 전화번호라고 해서 뭘 어쩌겠다는 거야. 할 일 없으면 낮잠이나 자지….'하고 버럭 역정이라도 내게 되면 어쩔까 하는 생각이 들어서.

그러나 이 글을 쓰면서 용기를 내어 시험 삼아 3국의 4429에 전화를 걸어봤다. 천만 뜻밖에 앳된 여성의 음성이 흘러나와 나는 적이 안심이 되었다. "혹시 거기 하길남씨 댁 아니십니까?"하고 그동안 바뀌어버린 전화번호를 미처 알지 못해서 실례를 범한 양 얼버무리고 말았다.

이제 다시 무슨 변명으로 그 댁에 다이얼을 돌려보랴 하는 씁쓸한 심정을 간직한 채.

이와 같이 아무것도 아닌, 그전 빈 공허, 그 숫자 하나에도 따스한 정의 입김이 스며드는 것은 무슨 연유일까.

22라는 숫자만 보아도 가슴이 설렌다는 사람도 있다. 지난날 고향길 버스노선이 22번이었던 탓이다. 지금 그 노선은 없어졌지만 이 22라는 숫자는 늘 가슴에 남아 애련한 물결로 출렁인다고 했다.

사실 웬만한 사람이라면 12열차를 기억하고 있을 것이다.

서울 가는 12열차. 애환의 눈보라가 휘날리는 남인수의 그 구성진 가락에 눈물깨나 흘린 분도 많을 것이다.

사람은 오래 사귀다 보면 싫증이 날 수도 있겠지만 전화번호와 같은 무형의 관념적인 것이야 어디 싫증인들 나겠는가.

물건 같은 것도 오래 사용하다 보면 새로운 형식 등이 개발되어 구식이 되거나 싫증을 느끼게 마련이지만.

물론 그에 얽인 사연들이 적막과 괴로움, 그런 좌절의 늪에 방황하는 꼴이 된다면 그 허상적 실체에도 정떨어지는 일이 되리라. 그러나 그 공허한 실상 자체가 우리를 반목하는 일은 없는 것이다.

그래서 사람들은 미리부터 '정이란 두지 말자.'하고 오히려 정이 들기를 두려워해 왔으며 이를 기피해 왔는지 모른다. 정 붙이고, 그야말로 정 때문에 살면서 그 정이 영원하기를 바라는 심정에서 정이라는 천이 더럽혀지기 전에 이별이라는 처방을 쓸 줄 알았던 사람들. 그 아름다우면서도 교활한 마음이 가장 인간다운 정의 숙명이라면, 우리의 삶은 늘 엄정한 자기 성찰에 힘입어야 할 듯하다. 그래서 정은 더욱 빛나는 것이다.

'하늘은 공변하니 착한 이에게는 상 주고 악한 이에게는 벌하나니'라는 말이 나는 제일 마음에 걸린다. 일곱 번에 일흔 번을 용서하라고 한 말도 있는데 벌은 너무 심하지 않은가. 설마 지옥도 정떨어진 볼기짝만은 아닐 테지만.

그래서 또 한번 가장 경계해야 할 것이 정이 아닐까 생각해 본다. 정을 앞세워 저질러지는 갖가지 슬픈 이력들이 숨바꼭질하는 세상이니까. 하지만 정의 극치는 자신에 대한 모반을 또 한번 정으로 녹여주는 데 있다.

이제 정은 차라리 눈물에 그늘진 핏발로서가 아니라 이 시대 하나의 의지적 처방전處方箋으로서 원용되기를 바란다.

붉게 타오르는 연인의 연지볼처럼 이 지상 어느 지축으로부터 은은히 타올라야 하리라.

이 밤 처연悽然한 길손 앞에 명월明月이 만공산滿空山하니….

신춘 담론

– 신당수

신춘이어서 그랬을까, 밤중에 문득 '엿장수와 유리구두'라는 말이 머리에 떠올랐다. 수필을 한 편 써야겠다고 생각하고 있던 터라 이는 필시 어떤 단서가 되지 않을까 하고, 이 말을 이리 굴리고 저리 굴리면서 상념에 잠겼다. 엿은 그 어떤 것과도 맞바꾸어질 수 있는 군음식이 아닌가.

엿은 떡과 더불어 가장 한국적인 먹거리 중의 하나다. 우선 크기가 한정되어 있지 않을 뿐 아니라, 낱개로 포장되지 않아 그야말로 엿장수 마음대로다. 핏대를 올려가며 네 것 내 것 따지기를 달가워하지 않았던 무던한 마음씨가 투명하게 엿보이듯, 엿은 늘 경우에 따라 늘어지기도 하고 오그라들기도 했다. 그러한 인심들이 담 너머 이도령 바람기처럼 피어오르지 않았던가. 엿은 또 먹거리로서의 구실 이외에 놀자판의 가교

역할도 곧잘 했다. 엿을 부러뜨려 보면 숭숭 구멍이 나 있는데, 그 구멍이 얼마나 큰가에 따라 승패가 갈렸다. 말할 것도 없이 구멍이 큰 쪽이 이겨, 작은 구멍 쪽이 엿 값을 치러야 했다. 무슨 구멍 이야기라기보다 이때 엿장수 가위놀음이나 몸짓이 한바탕 신명을 돋구었다. 이렇듯 동네 개구쟁이들의 군침이 메말라가던 골목은 늘 부산스러웠다.

이와 같은 우리네 습성 때문일까, 말도 골라 썼다. 서양사람들의 '살인殺人'이란 말에 대해 '살생殺生'이란 말을 즐겨 쓴 것도 그 한 예가 될 것이다. 말할 것도 없이 살인이란 사람을 죽이는 말이지만, 살생이란 생명을 가진 것을 죽인다는 말이 된다. 이처럼 우리는 사람의 목숨도 중요하지만, 살아있는 모든 목숨 또한 중요하다는 것을 생각하면서 살아왔다는 것을 알 수 있다.

우리는 늘 사람이 '생사여탈'의 주인이 된다는 것을 경계해 왔던 것이다. 이는 우리가 일체생명 즉 온 생명정신으로 살아 왔다는 것을 말해주는 것이 된다. 여기서 파생되는 문제가 생태계 곧 환경문제가 될 수밖에 없으니, 지금 우리는 새로운 지혜로 무장하지 않으면 안 될 당위 앞에 서게 된 것이다.

파푸아뉴기니나 아마존 등 원시림 속에서 자연 그대로 살아가고 있는 사람들은 욕심과 탐욕이 별로 없었다.

그들은 사물이나 지식을 가공하지도 않았다. 그들은 직관적으로 행동하고 주어진 분수대로 살 뿐이다. 그들이야말로 진정 해탈한 삶을 살고 있다해도 좋을 것이다.

그들은 하나같이 우주는 하나의 거대한 생명체로서 그 생명체의 일부분인 우리는 온 생명의 뜻에 따라 주어진 삶을 살아가야 한다고 역설하면서 그렇게 실천해 오고 있다.

오히려 문명인이라고 자처해 온 우리들은 이러한 삶의 올바른 지혜를 터득하지 못하고, 가식과 허위의식, 탐욕과 전횡, 과시와 오만, 거짓과 기만, 협박과 사기, 질투와 밀고, 증오와 질시, 중상과 모략 등 실로 잔악하기 그지없는 반역사적 인륜사를 지탱해 오지 않았던가. 그래서 역사, 특별히 전쟁사를 통하여 볼 때, 우리 문명인이란 사실상 증오와 피의 목욕탕에서 살아온 이른바 금수보다도 못한 반인륜적 사악한 무리들로 살아왔다해도 과언이 아닐 것이다.

또한 우리는 자연을 난도질하고 뭇 생명들을 유린하여 하늘의 재앙을 피할 수 없는 지경에 이를 때까지 철없이 살아왔지만, 저들은 풀 한 포기, 나무 한 그루, 매미 한 마리 이유 없이 괴롭힌 적이 없지 않았던가. 그들이 가히 선禪의 경지에서 살아왔다면, 우리는 골육간의 상쟁 속에서 허우적거려 온 셈이다. 저 9·11테러 사건만 보아도 그것을 알 수 있는 일이 아닌가. 이 지구상에서 사람을 죽이기 위해 던진 폭탄의 수만 헤아려 보아도 알 수 있는 일이다. 그래서 우리는 "아메리카 인디언들은 그들을 내쫓고 학살한 백인들에 의해 무지하고 몽매한 종족으로 왜곡됐지만, 사실은 분수를 알고 미래를 내다보는 지혜로운 사람들이었습니다."하는 참회의 눈물도 보고 있는 것이다.

그들이 나무 열매를 따 먹을 동안, 우리는 물경 5천 5백만 원이나 하는 요리를 시켜 먹었다. 중국에서 문을 연 팅리관에서 만든 옛 황제를 위한 연회용 요리인 만한전석滿漢全席이 그것이다. 이 요리에는 곰 발바닥은 물론 뱀의 간이나 원숭이의 골과 입술, 성성이 입술, 코뿔소 꼬리, 사슴 힘줄, 표범의 태아, 백조, 공작, 거북, 대나무 벌레, 잉어 꼬리 등이 들어간다고 한다. 이 외에도 상어요리, 제비집, 새끼 비둘기, 너새, 두꺼비, 호랑이의 고환으로 만든 청탕호단淸湯虎丹, 사슴 눈알로 만든 명월조금봉明月照金鳳 등 180여 가지의 요리가 나온다 하니 그 화려함이 극치에 달했다 하겠다. 또 대식가로서는 루이 14세를 꼽을 수 있다. 그는 새고기를 좋아하여 닭, 오리, 비둘기, 칠면조, 공작, 산비둘기, 꿩 등 한 끼에 81마리가 오르고 324명이 시중을 들었다 하니, 신들린 사람처럼 창자의 요괴를 알 만하다.

어디 그 뿐인가, 밍크 외투다, 여우 목도리다, 악어 가죽으로 만든 핸드백이다 하여 사람 때문에 수난을 당한 동물들은 또 얼마나 많았던가. 이 어찌 감히 엿장수 마음대로 될 일인가.

우리 엿장수는 사람 마음대로가 아니라 하늘의 마음대로였다. 하늘에 순명하면서 예악禮樂을 근본으로 살아왔다. 자기 집 앞마당에 있는 감나무의 감을 따도 까마귀밥을 남겨 두었고, 제사를 지내도 쥐가 물어갈 거리에 던져 놓았다. 심지어

논에서 나락을 거두어들일 때도 들쥐나 짐승들이 물어갈 인심을 하늘에 물었으니 더 말해 무엇 하겠는가. 이만하면 선도禪道의 경지에 들었다 하지 않겠는가.

사실 선대先代 우리 조상들은 도통한 이들이 지도자를 맡았으며, 태생적 불교문화를 일으켜 당시 선진국으로서의 면모를 갖추었다고 진단하는 학자도 없지 않다. 그렇고 말고, 신명난 엿장수의 가위소리, 우리들의 신춘담론은 이제 사해四海에 넘실거려야 할 것이다. 예부터 신당수神堂樹가 세계의 배꼽이었듯이.

하루살이

최근에 있은 일이다. 법원이 이례적으로 증거능력이 없는 다섯 살 난 어린이의 말을 증거로 채택한 일이 있었다. 물론 어린이들은 거짓말을 하지 않는다는 이유에서다. 그 이유에 대해서 법원은, 피의 당사자와 어린이의 진술이 너무 구체적이어서 신뢰가 갔기 때문이라고 그 사유를 밝혔다.

어느 분은 이상한 사기를 당한 일이 있다고 했다. 5년 전에 돈 천만 원을 빌려주었는데 갚을 날이 며칠 지났는데도 돈을 갚지 않아 독촉을 했더니, 돈을 돌려주었다는 것이 아닌가. 돈을 받은 일이 없는데 무슨 소리냐고 하니 돈을 빌린 후 꼭 한 달이 되는 날, 오후 3시쯤 자기 아들을 통해 갖다 주었다는 것이다.

그때 마침 할머니가 바깥에서 빨래를 걷고 있다가 아버지 심부름으로 돈을 가지고 왔다고 하니, 돈을 왜 부모가 직접 가지고 오지 않고 어린 너에게 시키더냐면서 나무랐다고 했다. 그리고 안방을 향해 옆집 아무개가 돈을 가지고 왔다 하니 나와서 받으라고 했다는 것이다.

그러나 방에 있던 아주머니는 아이에게 젖을 물리고 있으니 대신 받아 놓으라고 했고, 할머니는 흰 봉투 안에 든 백만 원짜리 수표 10장과 현금으로 넣은 이자를 확인해 보지도 않고 그냥 받아 허리춤에 넣었다는 것이다. 소년의 이러한 진술을 믿고 법원은 그에게 손을 들어주었다고 했다.

어린이 놀이방에서 있은 일이다. 어린이들이 어울려 놀고 있는데 할아버지 한 분이 찾아왔다. 그때 한 어린이가 갑자기,

"할아버지, 아줌마가 나를 방에 가두었어요." 하고 눈물을 질금질금 흘리더라는 것이다. 이 말을 듣고 놀이방 아줌마는 어떻게 해야 할지 난감해서 아무 말도 못하고 전전긍긍했다 한다. "아닙니다. 저 애가 거짓말을 하고 있습니다." 하고 사실을 이야기한다고 해서 할아버지가 자기 말을 믿어주겠느냐면서, 그녀는 아이를 돌보다 보면 가끔 울고 싶을 때가 적지 않다고 한다. 거짓말하는 애들이 한둘이 아닌 까닭이다. 어쩌다 거짓말을 하게 되었다 하더라도 흡사 배우처럼 눈물을 글썽거리며 슬픈 표정까지 지으면서 이야기를 하니 그 아이들이 여간 무섭지 않다고 한다.

왜 순진하기 짝이 없는 아이들이 거짓말을 할까. 아마도 부모로부터 영향을 받은 때문이 아닐까 싶다. 옛날에는 아이들

이 울면 "호랑이가 온다."거나, "순사가 온다."고 거짓말을 했지만, 요즘은 버스를 타고 가다 보면, "울면 저 아저씨가 이 놈!" 한다고 겁을 준다. 모두 거짓말이다. 뿐만 아니라, 바쁠 때 아이들이 무엇을 사달라고 성가시게 굴기라도 하면, 우선 위기를 모면할 요량으로 당장 내일이 아니면 다음 주에 사주겠다고 약속을 하고 마는 예가 없지 않다.

이렇게 경황없이 한 약속이라 지켜지지 않는 경우가 있게 된다. 어쩌면 부모가 처음부터 시간에 쫓겨 아예 지킬 생각도 없이 약속을 했다고 할 수 있을 것이다. 그러나 아이들은 자신의 이해에 관계되는 일이라 절대로 잊어버리지 않는다. 그밖에도 말과 행동이 일치하지 않는 여러 정황에서 아이들은 무의식중에 어른들의 언행을 닮아가게 된다.

결국 이와 같은 어른들의 실수들이 쌓이다 보면 은연중에 아이들이 이를 본받아 거짓말쟁이로 자라나게 되는 것이리라. 또 그들이 자라서 글을 깨우치게 되면 신문이나 방송매체를 통하여 수 없는 거짓말을 접하게 되는 것이 아닌가. 뇌물을 받았다 안 받았다는 등 정치권은 말할 것도 없고 사회 일각에서 무수히 쏟아지는 거짓말에 휩쓸려 그만 거짓이 생리화되고 마는 것인지 모른다.

어느 스님이 신문 칼럼에서 "미국 사람들은 자면서도 줄을 서고, 한국 사람들은 자면서도 사기를 친다."는 끔직한 말을 했다. 또 언젠가 영국 기자가 "서울 남산에 올라가 돌을 던지면

비렁뱅이나 도둑놈이 아니면, 사기꾼의 머리 위에 그 돌이 떨어질 것"이라는 글을 써서 원성을 산 일도 있었다. 이제 우리 입으로 스스로를 사기꾼이라 칭해도 흥분하는 사람이 없어졌다는 것인가.

한비자韓非子의 설림說林에 보면 '노마지지老馬之智'라는 고사가 있다. 사람이 제아무리 잘난 체해도 지혜가 늙은 말이나 개만도 못한 때가 있다는 말이다.

하루살이는 거짓말을 배울 시간이 없다.

백화점 참관기

설 대목에 내자를 따라 백화점에 갔다. 아래층 신선식품코너에 들르니 손님들이 북새통을 이루었다. 백화점 경내를 한 번 둘러본 나는 계산대 정면 앞에 있는 쉼터에 앉아 무료한 시간을 보내고 있다. 필요한 쇼핑물을 적어서 순서대로 사면 몇십 분 걸리지 않으련만, 이것저것 만져보고 갔던 곳을 다시 되돌아와 점원들과 한담을 나누는 등 반나절이 다가도록 집에 갈 기미가 없다.

하는 수없이 혼자 1층 휴게실에 와서 눈을 감고 등을 기댄 채, 기간을 보내고 있었지만 그것도 잠시 좀이 쑤셔서 안달이 났다. 다시 일어서서 휴게실을 한 바퀴 둘러본다. 손님들이 몇십 명 앉을 수 있도록 설계된 원형의자 안쪽은 작은 연못으로 꾸며져 있다. 그 바깥에는 황금돼지를 만들어 놓고 그 사이사이에 작은 인조 소나무를 심어 놓았다.

소나무에는 아이들이 손수 적은 작은 쪽지 글들이 달려있다. 그 편지 사연들은 거의 누구를 사랑한다는 문구들로 가득 차 있었다. 말하자면 이곳은 사랑의 가교역할을 하고 있는 곳이 아닌가. 백화점이 옛날처럼 물건이나 사라는 곳이 아니라, 삶을 즐기는 곳이라는 것을 여기서도 알 수 있다.

오가는 사람들을 쳐다보면서 나도 나름대로 즐기기로 한다. 말하자면 '미인 감상하기'라고나 할까. 그러나 한 시간 가까이 지났지만, 좀처럼 가인은 나타나지 않았다. 입맛이 씁쓸하다. 그래서 '마산에서는 살맛이 없단 말이야. 쯧쯧' 하다 말고 웃어 본다. 그렇다면 백화점에 오는 이들에 대한 인상기는 빛을 못 보고 마는 셈이 아닌가.

백화점에 오는 이들도 가지가지다. 어린이들까지 한 집안 식구가 총출동한 경우가 있는가 하면, 50대 부부가 팔짱을 끼고 초콜릿을 먹으면서 어슬렁거리기도 한다. 술이나 파, 빵만 잔뜩 사 가는 사람, 며칠씩 먹을 분량인지는 모르지만, 쇼핑카에 사람 키 높이만큼 물품을 사 가는 젊은이도 있다.

20대로도 채 보이지 않는 젊은 여성이 생후 5개월 쯤 된 여자어린이를 쇼핑카에 태워 가는 모습이 보인다. 순간 눈이 마주쳤다. 손을 흔들면서 웃어 주었더니, 고개를 빼들고 손뼉을 치면서 엉덩이까지 들썩이며 좋아 어쩔 줄 모르는 것이 아닌가. 그 때 또 웬 할아버지가 어슬렁거리면서 두리번두리번 백화점 구석구석을 눈요기 하고 있다. 여간 심심하지 않는 표정이다. 나도 오랜만에 원군을 얻은 심정이 되었다.

세상 구경 왔다 가는 데 100년은 너무 길는지 모른다. 세상이 많이 변하고 보니 구경할 것도 많아져 그렇듯 시간도 늘어난 모양이다. 한 술 더 떠서 사람이 영원히 죽지 않고 살 날이 올는지 모른다는 과학자들의 전망까지 있고 보면 놀랍고도 숨막히는 일이 아니겠는가.

옛날에는 구경을 잘 하려면 높은 곳에 올라가야 했다. 요즘은 TV가 알아서 잘 보여주지만. 무당벌레는 높은 곳으로만 올라간다. 나무 꼭대기에 그들의 먹이인 진딧물이 서식하기 때문이다. 살려는 본능이 그렇듯 높은 곳으로 올라가도록 훈련을 시킨 탓이다. 사람도 앞만 보고, 높은 곳만 쳐다보고 달려왔다. 그러다 더러 엎어지고 스러지고 좋은 구경을 많이 놓친 셈이다.

'날 좀 보소, 날 좀 보소, 동지섣달 꽃 본 듯이 날 좀 보소.' 그런 배짱이라니 참 신통하다는 생각마저 든다. 뭐 쥐불알이라도 보여 줄 것이 있어야지?! 어느 신문을 보니 '삶 쓰기 100자 운동, 짓지 않고 쓴다.'는 글귀가 나와 있다. 삶은 쓰기가 중요하다. 희대의 패륜아이자 난봉꾼인 카사노바가 자기의 회상록은 쓰지 않았다면, 패륜아로서 그대로 남았을 것이다. 그가 문필가로 입지를 굳힌 것은 그것을 쓴 탓이다. 그런 삶이 구경꾼의 구미에 맞는 별난 장치가 된다. 인생의 한 유형을 세상에 남긴 까닭이다.

일기라도 매일 쓰다보면 양치질하고 세수하고, 손 씻는 일 등은 새삼 쓸 필요가 없다는 것을 깨닫게 된다. 이처럼 일생을 두고 쓰여 지는 글 속에, 자연히 보다 새롭고 더 보람된 일에 대한 다양한 욕심이 지면을 누비게 되는 것을 알게 된다. 똑같은 반복은 자기를 지루하게 만들기 때문이다. 이 정체의 그 함정은 마침내 스스로를 잠식하게 마련인 것이다. 그것은 곧 자기 불만의 씨앗이 되지 않겠는가.

어느 분은 말했다. '자신에게 불만이 있는가. 그렇다면 이 우주만큼 큰 금덩어리와 바꾸어 버리겠느냐'고. 채워지지 않는 몫 때문에 불만인가. 그래서 비우라고 했지만, 그래도 끝내 남아있는 의식은 대자존재對自存在의 멍에인지 모를 일이다. 그래서 우리는 끝내 무의식적으로 즉자존재卽者存在를 희구하게 되는지 모를 일이다.

박완서는 그의 산문집 ≪호미≫에서 말했다. 70년은 끔찍하게 긴 세월이다. 그러나 건져 올릴 수 있는 장면이 반나절 동안에 대여섯 번도 더 연속 상영하고도 시간이 남아도는 분량밖에 안 되니, 눈물이 날 것 같은 허망감이 든다고 말이다. 상영시간, 그렇다. 보면서 진실로 즐길 수 있는 시간을 얼마나 갖느냐 하는 것이 그 사람의 참다운 모습이기 때문이다. 백화점에서나도 아무에게나 즐길만한 상품이 되어야 할 텐데 하고 사방을 두리번거려 본다.

선사의 빗소리

남태평양 부근 어느 섬에 사는 사람들에게는 아버지나 어머니 아들 딸 등 육친(肉親)에 대한 언어가 없다. 성이 두루 개방돼 있어 누가 누군지 촌수를 따질 수 없기 때문이다. 먹을 것도 대부분 자연에서 얻어오고, 사는 집도 나무와 풀로 얼기설기 얽은 자연 그대로다. 그러니 사실상 부족함이 없는 셈이다. 이런 만족 속에는 죄가 없다. 모두 천당 갈 사람들이니 병도 없다고 한다.

어느 가장은 아침에 집을 나와서, 4인 가족이 먹을 밥값을 못 벌면 집에 들어가지 않는다. 모자라는 돈은 피를 판 돈으로 보탠다. 그런 까닭에 미리 물을 마셔 배를 채워둔다. 혹 피가 묽어지지나 않을까, 양심의 가책을 이기지 못하면서도 이 일을 되풀이하게 되는 것은 목구멍이 포도청이기 때문이다.

욕심이라면 전쟁이라도 터져야지. 그래야 군수공장도 살고, 전후 복구사업에 기업체라도 참여시키게 된다. 그러나 철이 덜 든 우리 약소민족으로서는 그만한 배짱도 못 키운 것이 아닌가.

글쎄, 참으로 철이 덜 든 탓인가. 초등하교 3학년인 옥이는 가끔 학교에서 친구들로부터 맞고 온다. 어머니는 "얘야, 네가 친구들에게 혹시 뭔가 오해가 있는가 보다. 그들에게 살갑게 굴면 원성을 들을 일이 뭐 있겠느냐." 하고 늘 타일러 보내곤 한다. 그러나 이따금 얼굴이 부석부석해서 운 흔적이 지워지지 않은 채, 집에 오는 날이 없지 않았다. 그러니 부모 마음이 어찌 괴롭지 않겠는가. 한 번은 참다 못해 화가 난 어머니가 "너는 손도 없느냐, 남 밥 먹을 때 너는 죽만 먹었느냐, 늘 맞고 오게…." 하고 역정을 감추지 못하고 말았다. 그러자 한참을 울먹울먹하던 그녀는, "엄마, 내가 때리면 그 애가 아프잖아!" 하면서 그만 울음을 참지 못하고 흐느끼는 것이었다. 자기가 맞아보니까 매우 아팠기 때문에, 남에게 손찌검을 할 수가 없었던 것이다. 어른들은 욕심 때문에 이런 저런 구실을 만들어 전쟁이라는 이름으로 서로 죽여 왔다.

나도 젊었을 때는 싸움도 한 일이 있다. 살기가 몹시 딱해 보이는 분이 어떤 물건을 직장에 갖고 와서 좀 사달라는 것이었다. 나에게는 필요가 없었지만, 그의 딱한 사정을 생각해서 그 물건이 필요할 만한 동료 선생들을 일일이 찾아다니면서 일 년에 한 번씩 팔아 주곤 했다. 그렇게 하다 보니, 행여 그 물건이 싸구려거나 또는 바가지를 쓰는 거는 아닌지, 은근히 걱정이 되기도 했다. 그래서 한 번은 물건을 팔러온 당사자에게 갈 때는 잠시 나를 좀 만나고 가라고 일러놓고, 다른 사무실에 가서 여기저기 확인 전화를 걸고 있었다. 그 사이에 그는 이미 물건 값을 챙겨 돌아갔다는 것이 아닌가.

나는 몹시 괘씸하고 배신감마저 들어 좇아나갔더니 수위실 쪽으로 가고 있었다. 그를 수위실에서 만나 '애써 도우려고 한 일인데 그럴 수 있느냐'고 하니, '바쁜 사람, 그 말하려고 불러 세워!' 하면서 아래위로 노려보면서 주먹까지 불끈 쥐는 것이 아닌가. 아무리 전과가 있는 무뢰한이라고 하더라도 이렇듯 본데없는 위인이 있는가. 순간 몹시 괘씸한 생각이 들었다. 그만 홧김에 눈에 보이는 대로 몽둥이를 들고 그의 등을 몇 번 후려쳤다. 그러자 수위들이 소스라쳐 놀랐다. 저 사람은 늘 전국을 돌면서 그렇게 살아가는 아무도 못 말릴 무서운 이라고 했다. 가만히 있을 것 같지 않으니, 용서를 빌거나 화해를 하라고 다그쳤다. 정상적인 사람이 아닌 만큼, 엉뚱하게 자기들에게 화풀이를 할는지 모른다고 안절부절못했다. 심지어 어떤 이들은 잠시 몸을 피해, 오늘밤은 여관에 가서 자라고 염려까지 해 주었다.

그러나 난생 처음, 순간적으로 너무나 심한 충격을 받았기 때문에 그만 기가 꺾이고 말았는지, 그 날 이후로 그를 본 사람은 아무도 없었다고 했다.

나의 평소 같지 않은 모습을 보고, '그렇게 나약하고 순한 사람이 그토록 무서웠다니 도무지 믿어지지 않는다'고, 모두들 놀랐다. 수필을 쓰는 일은 값 있는 삶을 찾아 나서는 길이다. 그렇듯 자기의 값을 만들어 가는 과정이다. 제 울분조차 가누지 못하면서 무슨 좋은 글을 쓰겠는가?

이 세상의 모든 종교는 사람다운 사람이 되기 위해 만든 인간적 자기 구원의 목차들이다. 그 구원의 일차적 명제는 진정한 사람이 되는 일이다. 우리는 인간 완성을 위한 어느 도정에서 있는 것일까. 인간 악마나 인간쓰레기는 다만 악마요 쓰레기일 뿐, 인간이 아니다. 나는 오늘도 쓰레기에서 벗어나려고 이렇게 발버둥을 치고 있는 것일까. 그 꼬마선녀의 눈물이나, 네 식구의 가장이 팔아야 할 피가 낭자한 벌판에서 나는 지금 선사先史의 비를 맞고 섰다.

구름

나는 매일 아침 일찍 우리집 근처에 있는 초등학교에 가서 운동을 한다. 그때마다 교문 입구에 쪼그리고 앉아서 구걸을 하는 할머니를 만나게 된다. 그러나 그녀의 적선용 바가지는 늘 비어 있다. 하지만 그 늙은 걸인은 언제나 그 자리에 앉은 채 흡사 해탈한 부처처럼 말도 표정도 없다.

운동복을 입고 아침 일찍 나서는 이들은 돈을 준비하고 나올 리 없지 않겠는가. 그러니 적선을 하려 해도 할 수 없게 된다. 준비한 돈이 없으니 어쩌겠는가. 그럼에도 불구하고 이 늙은 걸인은 왜 하필 이곳에 나와서 동냥을 하는 것인지 이해가 가지 않는다. 몇 번 시행착오를 거듭해 왔으면 다른 곳으로 마땅히 자리를 옮겨야 할 텐데 말이다.

구걸을 하려면 시장 입구 같은 곳이 제일 좋을 것이다. 돈이 끓는 곳이기 때문이다. 거기에는 밤이 깊기 전까지 사람이 붐비지 않는가. 학교 입구는 9시만 되면 개구쟁이들이 들락거릴 뿐 다른 사람들의 출입이 없게 된다. 불과 두세 시간 동안 그것도 한정된 인원만이 출입하는 교문 입구를 택해 바가지 하나만 달랑 놓아두고 미동도 않고 앉아 있는 모습이 납득이 가지 않는다.

값비싼 피아노나 외제 승용차같이 한 달에 한두 대만 팔아도 생활이 되는 간 큰 외판원들의 눈에는, 초등학교 앞에서 꼬마들의 코 묻은 돈을 긁어모으고 있는 구멍가게 주인들의 모습을 기이하게 생각할는지 모를 일이다.

사는 방법은 사람마다 다르게 마련이다. 사람은 누구에게나 자신에게 맞는 최선의 방법이 있을 뿐이다. 물건 하나를 팔아서 몇십만 원씩 남겨 먹는다니 그런 비양심적 화적 같은 놀이가 어디 있느냐고 부르르 떠는 이도 있다. 만일 이런 사람들에게 눈먼 돈 10억만 굴러 들어와도 정서적으로 이를 감당하지 못해 수명이 감소되는 경우도 없잖다.

내가 다니던 대학의 어느 운전기사는 예상하지 못했던 유산으로 일약 거부가 되었다. 빌딩을 짓고 중소기업을 인수했으나 결국 5년을 넘기지 못한 채 이승을 떴다. 갑자기 사람의 마음이 변한 탓이다. 이처럼 스스로 굴러 들어온 돈에도 정서적 불안을 떨치지 못하는 좀생원들에 비해 수천억 원이라는 돈을 훔쳐 먹어도 끄떡없는 이들은 얼마나 복을 많이 타고난 것일까.

그렇다면 세상은 얼마나 불공평하가. 이렇듯 세상이 불공평

하기 때문에 덕을 보는 이가 있는가 하면, 손해를 보는 이도 있게 마련이다. 그래서 불행이나 행복이란 개념도 각자 자기 그릇에 따라 정해지는 것인지 모를 일이다.

두 살 정도의 어린이와 같이 놀기, 꽃 감상하기, 노래 듣기가 나의 3대 기쁨조쯤 된다. 이런 궁상맞은 위인이 큰인물이 될 리가 없다. 인도의 우타르 프라데쉬주에 살았던 딘처럼 2.59미터까지 수염을 기른 노고로 기네스북에 오를 깜냥도 못되니 어쩔 수 없는 노릇이라 하겠다. 이 수염을 관리하는 데 1962년 기준으로 1년에 1만 5천원이나 들었다니 걸인 할머니로서는 1년을 벌어도 수염 관리하는 데 드는 돈을 충당하지 못한다는 우스갯소리도 나올 법하다. 그러나 할머니는 수염이 없으니 그런 걱정은 없겠지만.

그렇지만 곰곰 따져보면 걸인 할머니도 제 나름대로 할 일은 다하고 있는 셈이라 하겠다. 요즈음 초등학교 등에서 학생들에게 선행을 실천토록 하고 있으니 개구쟁이들에게 이따금 적선의 기회를 주지 않았을까 싶다. 또 선행을 직접 실천하지 못한 아이들이라 하더라도 세상에는 불쌍한 늙은이들이 살고 있다는 사실을 아침마다 목격하게 됨으로써 적잖이 교훈을 받게 되었으리라 짐작된다. 늙은이로서 그만한 일을 했으면 됐지 세상이 그녀에게 더 무엇을 바라야 옳다 하겠는가. 부모도 버리고 자식도 아내도 남편도 버리는 세상이 돼서 오직 돈만이 장땡인 판에. 돈 욕심없이 주는 대로 얻어먹으면서 살겠다는 무욕의 천심이야말로 얼마나 갸륵한 일인가.

계명구도鷄鳴狗盜라는 고사가 있다. 닭처럼 우는 사람과 개 시늉을 하여 도둑질을 하는 이를 일컫는 말이다. 제나라 맹상군이 진나라 소왕에게 잡혀 죽게 되었을 때, 그 위기를 이들이 구해 주었다는 고사도 있듯이 세상에는 비천한 행동도 요긴하게 쓰일 때가 있는 법이다.

백이와 숙제는 수양산에 들어가 남의 나라 고사리를 캐어 먹었지만, 남이 주는 것만 얻어먹고 살고자 하는 이 무심한 걸인을 차라리 얼마나 떳떳한가. '계명구도'들이 판을 치는 세상에서.

두둥실 구름 한 점이 스스로 자신의 흔적을 지워 가듯이 조용히 이승을 머물다 가는 가난한 이의 뒷모습은 노새의 틀니보다 아름답다 하겠다. 만유에 구름이 가린 것들.

버림의 미학

설마 버리는 일이, 모으는 일만 하리. 모으는 일은 돈이 들고, 버리는 일은 공짜가 아닌가. 그러나 꼭 그런 것만은 아니었다. 버리는 일이 더 성가시고 힘든 때도 있었다. 태어날 때보다 장례를 치를 때가 더 번거롭고 돈도 많이 들지 않던가.

며칠 전부터 책을 정리하고 있다. 꼭 필요한 것만 놓아두고, 모두 도서관이나 학생들에게 주려는 것이다. 내 글이 실린 책과 참고 할 만한 것을 골라내기 위해, 책의 목차를 일일이 읽어본다. 목차를 보고 참고 할 만하다고 생각되더라도, 그 내용을 잠시 훑어 볼 때도 없잖다. 알만한 내용이라면 그냥 처분하려는 심사에서다.

기왕 목차를 보았으니 일일이 책등에 종이를 오려붙여서, 내가 쓴 글이나 참고할 만한 내용은 일일이 적어둔다. 그리고 버릴 책은 열다섯 권씩 묶어놓는다. 그래야 들고 다니기 쉽기 때문이다. 그 일도 보통이 아니다. 이렇게 작업을 계속하다 보니 차츰 요령이 생긴다. 잡지는 잡기끼리, 단행본은 단행본끼리 나누어 묶는다. 또 잡지도 같은 종류끼리 묶어 놓아야 혹시 그 잡지를 필요로 하는 사람들이 있을 경우 그들에게 줄 수 있기 때문이다. 이와 같은 요령에 의해 단행본도 수필집, 시집, 문학이론서 등등 종류끼리 묶게 된다.

이렇게 작업을 계속하다 보니 여러 묘책이 떠오른다. '필요한 부분 몇 장을 남기기 위해 책 한 권을 그대로 놓아 둘 필요가 있겠느냐, 그 부분만 오려놓고 책을 정리하는 편이 낫지 않겠느냐' 는 의견 등이 그것이다. 그러고 보니 연재물은 한 권도 빠지는 일이 있어서는 안 된다는 번거로움도 감수해야 했다.

세상에 옳고 그른 것은 없다. 다만 그렇게 생각될 뿐이다. 책을 묶는 데도 이견이 있을 수 있다.

세상만사는 서로 의논하면 된다. 누가 먼저 '우리, 이제 사랑싸움 그만 합시다.'하고 웃고 나면 된다. 버리는 것이 모으는 재미 못지않다는 것을 새삼 깨닫게 된다. 그 동안 애써 모은 수석도 버리고 장신구도 버리고, 옷도, 구두도, 책장도, 꼭 필요한 것만 남기고 모두 버리고 화분도 그 수를 줄인다. 꽃나무도 전지를 하고, 솎아 낼 것은 모두 잘라낸다. 꽃들이 나를 바라보고 싱긋이 웃는다. 기쁘다. 나태주 시인이 〈기쁨〉이란 시에서 노래했다.

> 난초 화분의 휘어진/ 이파리 하나가/ 허공에 몸을 기댄다/ 허공도 따라서 휘어지면서/ 난초 이파리를 살그머니/ 보듬어 안는다/ 그들 사이에 사람인 내가 모르는/ 잔잔한 기쁨의/ 강물이 흐른다.

꽃은 탄생이자 죽음의 곡이다. 꽃에서 씨앗이 영글고, 사람의 마지막 가는 길을 국화로 장식한다. 꽃과의 눈 맞춤은 환희의 선율이 흐르는 영혼의 판타지다. 옛 선비들이 달밤이면 호수에 배를 저어 연꽃 피는 소리를 들으면서 노닐었다. 그들은 한양 길을 가다가도 풍류를 즐겼다. 고갯길에서 쉬다가도 나무로 거문고를 만들어 망중한忙中閑을 즐겼다. 떠날 때는 거문고를 나무에 그냥 걸어둔 채 길을 재촉했다.

진秦나라의 장수 항우項羽는 한漢나라의 고조高祖인 유방과의 해하垓下싸움에서 졌지만, 오강烏江을 건너서 후일을 도모할 수도 있었다. 그러나 그는 하늘의 뜻을 거역할 수 없다고 하여, 천리마도 버린 채, 홀로 싸우다가 스스로 목을 베어 자신을 버렸다.

이 버림의 미학은 어디서 오는 것인가. 서산에 문득 구름이 일듯, 가고 오는 것이 피안彼岸의 귀천인데, 흔적은 소리 없이, 바람도 없이 가던가. 그 있고 없는 것 가운데서 흔들리던 쓸쓸한 무늬들.

이승과 저승 사이, 버리지 못한 꿈 조각 하나가 책갈피 속에서 퍼덕이고 있다.

행복의 기술

지난 날 시인 칼 붓세는 사람의 행복을 무지개에 비유했다. 저 산 위에 언덕 위에, 하늘가에 걸린 아름다운 무지개처럼 영롱하게 빛나는 행복의 무늬들. 저만큼 잡으러 가다보면 언제나 또 그만큼 멀어진 곳에서 우리를 유혹하는 빛깔들.

지금은 행복이란 무지개처럼 손에 잡히지 않는 환상의 산물이 아니라, 자전거를 타거나 승용차를 운전하듯 몸에 익힌 기술에 의해 얻어지는 부산물이라고 한다. 그렇다. 행복은 살아가면서 부단히 연구해 나가야 할 일종의 기술적 산물이다.

식당 문을 들어서는데 바로 내 뒤를 따라 들어온 분이 자리에 앉으면서, 고개를 약간 뒤로 돌리다 말고 싱긋 웃는다. 아마 어디서 본 안면이 있는 분 같다고 여긴 모양인가. 같이 밥상을 받았으니 밥상을 물릴 때도 비슷한 일순이 아닌가.

그녀는 약간 망설이더니, 이쑤시개 두 개를 집은 채 하나를 슬그머니 내 밥상 귀퉁이에 올려놓다 말고 순간 얼굴을 붉힌다.

그것이 무슨 죄라도 되는가. 아니 커피 한 잔이라도 갖다 놓는다고 해서 무슨 시빗거리가 되겠는가. 밥값을 같이 계산한다고 해도 벌 받을 일은 아니지 않는가. 그까짓 이쑤시개 하나가 오래 잊혀지지 않는 것은 무엇 때문인가. 순수, 그 아름다운 마음. 그것이 값지다는 이야기가 될는지 모른다. 그 마음을 금액으로 따진다면 얼마나 될 것인가. 경매에 붙인다면 또 얼마에 낙찰을 볼 것인가? 하고 엉뚱한 생각까지 하면서 나는 속으로 웃는다.

문학은 보석을 캐는 일이다. 값을 창조하는 일이다. 그것이 부처요, 그리스도의 사랑이다.

무無의 유언遺言이다.

꿈에 꿈을 쌓은 은진미륵, 비파琵琶의 꽃 댕기다.

반짝 반짝 하늘이 눈 뜨기 시작하는 초저녁
나는 자식 놈을 데불고 고향의 들길을 걷고 있었다

아빠 아빠 우리는 고추로 쉬하는데 여자들은 엉덩이로 하지?

이제 갓 네 살 먹은 아이가 하는 말을 어이없이 듣고 나서

무슨 생각이 들어서 그랬는지
산마루에 걸린 초승달이 입이 귀밑까지 찢어지도록 웃고 있었다

운동권 시인이었던 김남주의 〈추석 무렵〉이란 시에서 골라본 구절이다.

그렇다. 마냥 웃고 볼 일이 아닌가. 화낼 일이 어디 있겠는가. 라자와나, 모서 그리고 모라브리족 등 미개 원시인들의 공통된 특징은 분노 즉 화내는 일이 없다는 점이다. 숲속에서 산딸기나 개구리, 뱀, 꿀, 대나무순 등을 이웃 부족들과 나누어 먹고 산다. 항상 기도하고 감사하고, 묵상하고 축복하며 명상하면서 살아가고 있다. 그렇다면 우리들과 어느 쪽이 더 문명된 나라요, 선진국일까.

인도네시아 수마트라 자바 섬 등에서 사는 야생 사향 고양이 '루와'의 배설물로 만들어지는, 한잔에 5만 원 하는 희귀한 세계 최고의 커피 '코티 루왁' 등을 마시고 총검술을 익혀야 일등국민이란 말인가.

김 모 목사(55세)는 조 모 씨 등 노숙자 3명을 전남 신안군 매화도 김양식장에 팔아넘겼다는 이야기도, 김양호 교수도 어릴 적 꿈이 거지였다는 일화도 문명국의 부산물이라면 말이다.

말이 어눌한 어느 장애인 시인은 〈나는〉이라는 시에서, "나

는 '초지일관初志一貫'으로 말하면/ 당신네들은 '좆이 일관'으로 알아 듣는다"고 분개하고 있다. 그럴 것이다. 실수도 행복한 동네에서는 기술이 아니겠는가.

행복의 징검다리

'나는 행복합니다. 여러분도 행복하십시오, 울지 말고 기도하십시오.' 교황 요한 바오로 2세는 임종을 앞두고 이와 같이 유언을 남겼다. 1984년 5월 5일 교황께서 한국에 오셨을 때, 나는 문화인의 한 사람으로 교황을 만났다. 그 때 나는 잘 익은 복숭아처럼 아름답고 한없이 인자하고 순수하고 평화스러운 모습에 마음마저 뭉클했다.

신라의 국사 정수 스님이 밤길을 걷고 있는데, 숲 속에서 아기 울음소리가 들렸다. 그 곳에는 금방 아이를 낳은 여인이 탯줄을 잡고 있었다. 스님은 그 아기의 탯줄을 냉큼 끊었다. 그러나 벌거숭이가 된 여인의 몸은 꽁꽁 얼어 있었다. 스님은 여인을 살리기 위해 계속 알몸을 자기의 몸으로 비비면서 주물렀다. 그리고 옷을 벗어 그 여인을 감싸면서 빰을 때렸다. 그

때 여인은 깨어났다. 벌거숭이가 된 스님은 밤새도록 추위에 떨다가 정신을 잃고 말았다.

그 때 어디선가 고양이가 스님 품속에 기어들었다. 따뜻했다. 스님과 고양이는 엉금엉금 기다가 어느 집 헛간에 들어가 거적을 몸에 감고 누웠다. 그 여인은 걸인이었다. 악취가 진동하는 몸을 알몸으로 비비고 주물렀으니 정수 스님은 교황 성하와 같은 성인이 아닌가. 득도한 스님의 크나큰 은혜를 입은 그녀는 말을 잇지 못하고 눈물만 흘리고 있었다. 자신의 일생을 통하여 이보다 더 큰 감동을 받은 일이 없을 뿐 아니라, 살아서 가장 아름다운 생의 축복으로 기억하게 된 것이다.

나는 일본 나가노長野縣에서 태어나서 어린 한 때를 그 곳에서 보냈다. 달밤에 갈대가 우거진 공원에서 쉼 없이 날아다니던 반딧불을 잡으면서 밤늦도록 놀았다. 잡은 반딧불을 큰 병에 넣고 다녔다. 그 때 나는 생각했다. 이 공원 안에 있는 반딧불을 다 잡아서 내 방에 가득 채울 수 있다면 소원을 풀 수 있을 것이라고 말이다. 즉 행복할 수 있을 것이라고 믿었던 것이다. 지금 우리는 반딧불 대신 돈이 한 방 가득 있다면 행복하리라고 생각하고 있는 것인지 모른다.

미국의 링컨은 '사람은 모두 자기가 결심한 정도만큼 행복할 수 있다'고 했다. 불란서의 파스칼은 '사람의 불행은 그 사람의 위대함을 증명하려는 것'이라고 말했다.

벌꿀은 무려 195곳을 가서 꿀 1g을 채취해 온다고 한다. 그러나 거미는 공중에 줄만 쳐놓고 마냥 놀면서 먹이가 걸려들기를 기다리기만 하면 된다. 그래서 거미는 행복하고 꿀벌은 팔자가 사나운가. 진주조개는 모래를 품지 않으면 가시로 해서 몸이 썩는다. 모래알이 박혀 그 고통을 이기기 위해 즙을 짜낸다. 수년 동안 즙으로 모래를 감싸서 마침내 진주는 만들어진다.

이청준은 〈서편제〉에서 더욱 슬픈 노래를 부르게 하기 위하여 딸의 눈을 멀게 하는 장면이 나온다. 고통이 아름다움을 낳고 행복을 낳는 것이리라. 중증 장애인이 8원짜리 구멍을 하나 뚫는데 평균 2백 번씩 실패한다고 한다. 이는 슬픔인가 아름다움인가. 반딧불이 쉼 없이 불을 깜박이듯이 기쁨이나 슬픔이라는 것도 사실은 음양의 징검다리일는지 모른다.

성덕여왕을 사랑했던 비렁뱅이 지귀志鬼는 자신의 몸을 불태울 때 가장 행복했을 것이다. 여왕이 자신이 입었던 옷을 불길 속에 던져주었을 때, 그 황홀감, 한 평생 사는 동안 각자 자기 마음속에 간직했던 것은 다르지만, 지귀는 오직 단 한 번의 만남으로 만족했다. 그것은 '당신을 사랑했다는 사실을 확인받는 일'이었다.

노래를 위해 신체의 일부인 눈을 바치는 일도 어렵거니와, 몸 전체를 바치는 일은 얼마나 어려운 일이겠는가. 지귀의 경우 온전히 몸과 마음을 다 바친 그야말로 일편단심이었다. 여느 사람들처럼 세속에 대한 욕심이 없기 때문이다. 성한 사람들은 지위다, 명예다, 돈이다, 가족이다, 사회적 구성원이다 하여 서로 얽힌 수많은 관계 속에서 허우적대기 마련이지만, 걸인들은 얼마나 홀가분하겠는가. 한 끼씩 때만 넘기면 그만이니까 말이다. 하루 종일 사랑하는 이를 가슴에 품고 살 수 있는 여유가 있으니 얼마나 열정적이며 순수했겠는가.

그리스의 걸인 철학자 디오게네스(Diogenes)가 알렉산더(Alexander) 대왕에게 '내 앞에서 햇빛을 가리지 말라'고 했던 것처럼 별다른 욕심이 있을 수 없는 것이다. 이 세상에 사실상 귀천은 없다. 그런 생각과 노력이 있을 뿐이다. 낙랑공주가 왜 바보온달과 결혼했겠는가. 내가 수필과 재혼한 것처럼 말이다.

나는 나치수용소에서 남 대신 죽어간 콜베신부의 백골 위에, 사랑하는 사람을 만나기 위해 자신의 손가락을 불태웠던 화가 빈센트 반 고호의 불알이라도 그려 넣고 싶다. 제갈량이 묻힌 산소에서 행복한 칼이라도 물고, 재미없는 자리에서 맹물이라도 마시고 싶다.

실수

실수의 일종인 분실의 경우, 이를 정신분석학적 입장에서 본다면 분실물에 대한 관심의 퇴화현상이 된다. 예컨대 평소 몸에 지니고 다니던 낡은 지갑을 잃어버렸다면 그 지갑을 살 때는 마음에 들었으나, 지금은 낡아서 새 지갑을 갖고 싶다는 잠재의식적 욕망을 갖게 되었다는 증거라는 것이다. 다시 말하자면 분실물은 이미 그 물건에 대해 마음이 떠나갔기 때문에 결국 실질적으로 몸에서도 떠나가게 된다는 설명이다.

30세의 앞을 못 보는 여인이 세계적 선수들이 겨루는 뉴욕 마라톤대회에서 5위로 골인하여 세계를 놀라게 했다. 그녀는 달리는 사람들의 발자국 소리를 들으면서 뛰었다고 했다. 이 경우 5위를 했다는 것도 기적처럼 들리거니와, 끝까지 실수를 하지 않고 정해진 코스를 완주했다는 것이 더 놀랍다 하겠다.

나는 시간에 쫓긴 나머지 남방의 맨 위 단추를 잘못 잠근 채, 우체국과 은행을 다녀온 일이 있다. 그 때 이를 본 이들이 귀띔이라도 해주었으면 얼마나 좋았을까 하는 생각과 함께, 한동안 몹시 마음이 불편했던 기억을 갖고 있다.

한 번은 자주 드나드는 식당에 가서 밥을 시켰더니, 평소와는 달리 밥이 좀 이상한 것 같았다. 그래서 엉거주춤 일어서서 다른 사람들의 밥을 보니 모두 밥그릇에 뚜껑이 덮여있는데 유독 내 밥그릇에만 뚜껑이 없는 것이었다. 한 숟갈 밥을 깊이 떠보았더니 층이 져 있어, 여러 사람들이 남긴 밥을 모아 둔 것이 아닌가 하는 생각을 떨쳐버릴 수 없었다.

언젠가, 오랫동안 식당을 경영한 이가 '식생활과 건강'이라는 강의를 하면서, 식당에서 약 50%정도는 남이 먹다 남긴 밥을 아까워서 감히 버리지 못하고, 그대로 손님상에 올리려는 유혹을 받게 된다고 한 이야기를 들은 일이 있다.

우리 집 바로 앞에 식당이 있었는데, 수년 동안 이 식당을 자주 이용했다. 한 번은 식사를 하러갔는데, 새로 온 아주머니가 밥을 가져다주는 것이었다. 그 때 어디선가 주인이 이를 보고 황급히 달려와서 그 아주머니에게 '아니, 그 밥은 안 돼, 새 밥을 드려요….' 하고 몹시 당황하던 모습을 지금도 기억하고 있다. 그 후로 식당에서 식사를 시킬 때면 습관적으로 이 밥이 혹시 남이 남긴 밥이 아닐까 하는 생각을 하곤 한다. 이럴 경우는 식당 주인이 실수를 한 것이 아니라, 식당 종업원이 실수를 한 것이라고 할 수 있겠으나, 사실 그녀는 나를 알지 못했기 때문에 실수라고 할 수 없을 것이다. 물론 남이 남긴 밥을 주는 것 자체가 결과적으로 의도된 실수가 될 것이다.

여기서 한 가지의 실수는 또 다른 실수를 불러올 개연성을 갖게 된다는 것을 알게 된다. 실수는 무지에서 온다기보다 다분히 방심에서 오는 경우가 많다.

인천 모 여고에서 시험 보기 싫은 여학생 3명이 교무실을 화염병으로 불태워버린 사건은 그녀들의 실수라기보다 계획된 범죄행위인 것이다. 결과적으로는 그녀들의 실수라고 할 수 있겠지만 말이다. 발명왕 에디슨은 끓는 물에 계란을 담근다는 것이 시계를 담그는 등 실수의 대가였던 것을 우리는 기억하고 있다.

'개미 조심하세요.' 어느 가을 소녀들이 길을 걸으면서 개미를 밟지 않기 위해 조심조심 걸으면서 하는 소리였다. 한 번의 실수로 얼마나 많은 생명들이 죽어가고 있는지 우리는 의식조차 안 하고 있는 것이 아닌가. 네트워크가 지은 ≪우리가 몰랐던 아시아≫라는 책에서는 '베트콩의 거점을 제거한다는 명분으로 어느 강대국은 중립국 캄보디아에 1969년부터 1973년 사이에 무려 53만 9천여 톤의 폭탄을 퍼부어 80만 명의 민간인을 죽였다'고 써놓고 있다. 아마 그 나라는 개미 소녀들보다도 조심성이 모자랐던 모양이다.

미식축구 훈련 중 숨진 아들에 대한 160억 원의 보상금을 거부하고 대학 측의 사과와 감독해임을 요구한 미국 켈리포니아주 린다월 씨의 행위를 실수라고 생각하는 이도 없지 않을 것이다. 그까짓 사과 몇 마디와 감독 해임이 160억 원보다 중하냐고 말이다. 아인스타인은 행복의 공식으로 말의 절약과 기쁘게 살기, 한가한 시간 가지기 등을 들었다. 원광대학의 조교수는 팔자 고치는 법으로, 적선, 스승 만나기, 명상, 풍수잡기, 독서 등을 꼽았다. 또 박경리 선생은 그녀의 역작 ≪토지≫를 무려 25년간이나 걸려 쓰지 않았는가. 비단으로 궁녀가 뒤를 닦아준다고 해서 우리나라의 역대 임금들이 어찌 모두 행복했다 하겠는가.

그렇다면 새삼 인간의 행복이 어디에 있는지, 어떻게 해야 하는지 알만하다 하겠다. 그래 우리의 한 목숨, 그 인생을 실수하지 않으려면 말이다.

3부

까마귀

'까마귀'라는 제목으로 수필을 한 편 쓰고자 하니 어쩐지 속까지 징그럽다. 예로부터 까마귀는 국민정서상 불길동물로 치부되어 온 탓인지 모른다. 뿐만 아니라 '까악까악'하고 우는 소리도 섬뜩하게 들린다.

그래서 '까마귀 싸우는 곳에 백로야 가지 마라'고 읊었던 것이리라. 흰색에 비해 검은색은 이처럼 불길한 것을 상징하기 때문에 이야기 속에 나오는 저승사자들은 모두 검은 옷을 입지 않았던가. 오죽했으면 우리가 어렸을 때는 까마귀 소리만 들어도 퉷퉷퉷하고 세 번씩이나 침을 뱉었을까. 정신 나간 사람들을 까마귀 고기를 먹었느냐고 놀려댔으니 말이다.

그러다 보니 까마귀 오烏 자가 붙은 〈오감도烏瞰圖〉란 이상의 시詩까지 구설수에 오르지 않았나 싶다. 지금은 또 컴퓨터

안의 프로그램을 파괴하면서 '까악까악' 까마귀 울음소리를 남기는 '까마귀 바이러스'까지 등장하여 골치를 썩이고 있는 것이 아닌가.

하지만 까마귀라고 해서 마냥 부정적인 이미지만 갖게 되는 것은 아니다. 오작교烏鵲橋라면 매년 칠월 칠석 날에 견우와 직녀가 만날 수 있도록 까마귀와 까치들이 은하에 놓는다는 애틋한 사연이 깃든 전설상의 다리를 말하는 것이 아닌가.

또한 오토烏兎란 말은 해와 달의 별칭으로 해 속에는 까마귀가 살고 달 속에는 토끼가 산다는 뜻이니, 까마귀의 존재야말로 참으로 귀하게 느껴진다 하겠다. 어디 그뿐인가, 오유반포지효烏有反哺之孝란 말도 있다.

> 까마귀는 새끼 때 길러준 어미새의 은혜를 갚기 위해 어미새가 늙은 뒤에 먹이를 물어다가 어미새의 입에 물려 주는 효성이 있다.

오포烏哺란 이처럼 갸륵한 사연을, 자식이 어버이에 대해 효도할 때 이를 빗대어 하는 말이다.

그렇다면 우리들이 어찌 까마귀를 흉물로만 볼 수 있겠는가. 까마귀 오烏자가 '아오'하고 비명을 지르면서 탄식하는 소리를 나타내고 초나라의 항우가 자살한 곳, 그 흑룡강을 굳이 오강烏江이란 별칭으로 부르게 된 연유를 짐작해 본다 하더라도 역시 까마귀는 불치의 병으로 일컬어지는 간질을 낫게 하는 영험한 조류임도 알아야 할 것이다. 또 이 까마귀를 길조라고 생각하는 나라도 없지 않으니 말이다.

나는 가끔 보험금을 타기 위해 자식의 손가락을 끊고 도끼나 톱을 이용하거나 혹은 철길에 누워 발목을 잘라내는 이들 이야기를 들을 때 까마귀의 영상을 보는 심정이 되고 만다. 너무 끔찍하고 잔인하고 두려워서 인간적 업보의 뒤끝에서 벼락소리를 듣고 놀라는 기분이 된다.

그러나 오랜 굶주림 끝에 거의 반사적으로 저질러진 일이라면, 누가 그에게 돌을 던질 수 있겠는가. 굶주림에 지친 자식을 볼 수도 없겠지만, 굶겨 죽일 수야 있겠는가.

또한 빚진 자의 자해 행위도 오죽했으면 그랬을까 하는, 일말의 연민의 정도 없지는 않다 하겠다. 남을 다치게 하거나 목숨까지 빼앗으면서 집을 털고 금고를 터는 일보다 죄질만은 덜 할 것이 아닌가. 남을 희생시켜서 내 이익을 도모하겠다는 것이 아니라, 어디까지나 제 몸을 희생시켜 덕을 보겠다는 것이니까.

몇백, 몇십억 원의 뇌물을 받아먹은 사람들이 복권되면 서민들은 그들이 오히려 잘난 사람들이겠거니 하고 일말의 부러운 생각까지 가지면서도, 제 몸 하나 희생시켜 돈을 얻고자 한 사람들을 우리는 언제까지나 징벌하고 경멸해야 옳다는 것인가. 잘난 사람들은 재산도 적잖을 텐데, 죄를 지어도 궁색한 사람들과 달라 변명할 구실도 없는데 말이다.

까마귀의 부리와 같은 입을 오훼烏喙라 했으니, 까마귀는 욕심이 많은 새이므로 욕심이 많은 사람들은 과연 누구이며 백로白露와 같은 사람은 진정 누구인가. 아예 판을 펴놓고 돈을 갈취하는 강도보다 남몰래 숨어서 뇌물을 챙기는 이가 더 부도덕하고 치사하고 요사스럽다 하겠다.

우리는 그동안 까마귀 고기를 먹어서 무엇이든 잘 잊어먹고 살아가고 있는지 모를 일이다. 잘 보이지 않는 까마귀의 눈을 새 조鳥자에서 빼버린 것이 까마귀 오烏자가 됐듯이 우리는 어쩌면 정신도, 눈도 정상이 아닌 듯이 생각된다.

'까악까악'하는 까마귀 울음소리만 들어도 소름이 끼칠 정도라고 나는 앞에서 적었다. 그런데 이 소리를 의성화한 까마귀의 '까'자를 떼고 봐도 결국 '마귀魔鬼'라는 말이 되고 보면 이래저래 까마귀는 흉물임에 틀림없다 하겠다.

그렇다면 예쁜 연미복燕尾服아닌 오미복烏尾服을 입은 자는 정말 누구일까. 하지만 그들은 피식 웃고 말겠지. 할 일이 없으면 한자漢字 길들이기나 마냥 되풀이하라면서 말이다. 아무려면 독자들이여, 어찌 이런 일이 있을 수 있겠는가烏有. 퉷퉷퉷.

정근식당定斤食堂

정근식당이라고 했다. 처음에 나는 '정근'이라면 정성스럽고 부지런하다는 의미의 정근精勤이거나, 아니면 정분이 가깝다는 정근情近쯤으로 여겼다. 그런데 뜻밖에 정근精勤도 정근情近도 아닌 정근定斤이라는 것이다.

'定斤食堂'이라면 글쎄 고기 등은 정해진 근수대로 다 준다는 뜻으로 해석될 수 있겠기에, 서로 얼마나 못 미더웠으면 이른바 정근식당이라는 것까지 생겼을까, 참으로 해괴한 생각마저 들었다.

그런데 알고보니 꼭 그런 것만은 아니라는 것이다. 물론 정량대로 준다는 뜻도 없는 바 아니지만 먹을 수 있는 자기의 정량만큼 시켜 먹으라는 의미가 더 강조된 것이라는 대답이다.

손님들 중에는 무슨 대단한 돈쟁이라도 되는 것처럼 무턱대고 몇 인분씩 고기를 시켜놓고 끝에 가서 다 먹지도 못하고 그냥 일어서는 이들이 많기 때문에 이를 아니꼽게 여긴 나머지 붙인 이름이라고 한다.

왜 비싼 돈 주고 다 먹지도 못하는 음식을 마구 시켜놓고는 얼간이 짓을 하느냐는 얘기다. 먹을 만큼 조금씩 여러 번 시켜 먹으면 누가 잡아먹기라도 하느냐, 그런 골빈 녀석들 등쌀에 선량한 장사꾼들이 욕을 먹게 되는 것이라고 식당주인은 혀를 찼다.

나는 그 말을 듣고 참으로 묘한 기분에 휩싸였다. 무슨 수를 쓰든지 돈만 벌면 장땡이라는 세상에 이런 옹졸(?)한 장사꾼도 있다는 것이 나에게는 오히려 신기한 생각조차 들었다. 그래서 내가 '그런 제스처(?)도 어쩌면 단수 높은 장사수법이 될 수 있지 않을까' 하고 웃었더니 '큰일 날 사람이군!' 하고 정색을 한다.

그토록 세상을 믿지 못하는 사람은 식당에서 음식을 먹다 말고 가는 이들보다 더 위험스런 인물이란다. 사실 곰곰이 따져 보면, 식당주인이 그만큼 '정근'을 따지는 데는 그 나름대로 이유가 있을 것으로 생각된다.

우리가 자랄 때만 해도 1년에 한두 번 고기맛을 볼똥말똥했는데 언제 이렇게 됐는가. 무슨 잔치 때나 특별한 경우가 아니고서는 희멀건 고깃국이라도 얻어먹기 힘들었던 기억을 되살려 보면, 살코기를 배가 늘어지도록 먹다 못해 몇 인분씩 그냥 팽개치고 가는 꼴들을 볼 때마다 배알이 뒤집힐 것은 정한 이치가 아니겠는가.

원래 장사의 근본이란 돈 버는 데 있을 것이므로 자고로 돈 적게 받겠다는 상인이 있을 수 없는 것은 뻔한 일일 것이다. 그러나 오래 살다 보면 그렇지 않은 사람도 만나게 되는 법이다.

우리집에서 조금 떨어진 어느 떡방앗간 주인은 다른 곳보다 거의 3분의 2값에 떡을 뽑아 준다. 아낙네들이 딴 집보다 조금 싸면 됐지, 왜 그렇게 받느냐고 몇 푼 더 얹어 주려면, 그래도 돈이 남는데 무엇 때문에 더 받아, 곧 죽어도 도둑놈 심보로 살기는 싫다고 한다. 이런 경우는 정근定斤이 아니라 정액定額쯤 될 듯하다. 그렇게 되면 그곳 상호는 '定額떡방앗간'이 되어야 제격일 것이다. 그러고 보니 실상 그것들보다 더 긴요하고 시급한 것은 차라리 정배주점定杯酒店같은 것이 아닐까 하고 별 생각도 다 해 본다.

떡 뽑는 데 돈을 몇 푼 더 얹어 주거나, 고기 먹다가 조금 남겨 놓고 가는 일들이 그렇게 죄될 것은 없겠지만, 술이란 정말 알맞게 마셔야 하는 것이겠기에 하는 말이다. 하기야 술 취한 사람이 어디 남의 말을 들을까마는 먹다 남은 고기보다 비우다 남은 술잔을 두고 가는 사람들이 더 문제가 심각할 것이기 때문이다.

타의에 의해서 마시는 술의 양이 조절되거나 스스로 자신이 알아서 정량의 술을 마신다는 것이 얼마나 어려운가 하는 것을 모르는 바 아니나. 정근식당처럼 정배주점이라는 곳이 있다면 일단의 경고는 될 듯도 하리라.

그러나 정근이란 어찌 고기나 떡, 술 같은 것에만 한하리오. 세상 모든 사정이 정근, 즉 정량定量에 달려 있다 해도 지나친 말은 아닐 것이다. 그래서 예부터 분수니, 중용, 지족 등의 말들이 발달해 오지 않았던가.

부부싸움도 적당히 해두어야 한다는 어느 주례사의 한 구절은 그런 면에서 일리가 있는 것이리라. 아닌게 아니라 내가 아는 어느 부부는 일평생 동안 언성 한번 높이는 일 없이 살아왔다. 그런데 이들 부부에게 이변이 일어났다. 첫딸을 출가시킬 때 예상보다 너무 많은 비용을 지출했다는 남편의 추궁 끝에 부인이 그만 자살을 해버린 것이다. 평소에 말다툼 한번 없었던 그들인지라 이 어쭙잖은 설왕설래조차 그녀에게는 감당하기 어려운 사건으로 받아들여졌던 것이다.

훈련이 안 된 병사들을 실전에 배치할 수는 없는 법.

그러니까 옛말에도 고생까지 사서 하라지 않았던가. 비상도 정량이면 약이 되는 이치와 같이.

'바람'쓰기

– 그 과정과 자동기술법

수필을 한 편 써야겠다고 생각했을 때, 나 자신의 근황이 먼저 떠올랐다. 그래서 '내가 이 세상에서 제일 좋아하는 것은 두 살부터 세 살까지의 어린이들과 같이 놀기, 꽃 감상하기, 그리고 음악 듣기다. 그런가 하면, 언제나 번거롭게 여겨지는 것은 하루 세 끼씩 꼬박꼬박 밥 먹는 일과 그 뒷일 보는 것, 또 잠자는 일이다'라고 서두를 풀어나갔다. 하지만 갑자기 그것이 끝내 시시한 이야기로 끝나면 어쩌나 하는 염려 때문에 신변사를 잠시 덮어두기로 했다.

그리고는 무엇을 쓸까하고 망설였다. 그때 '흔적'과 '바람'이라는 두 낱말이 퍼뜩 머리에 떠올랐다. '흔적'이란 단어는 평소에 시의 제목으로 자주 다룬 바 있고, 또 '바람'이란 말도 퍽 익숙하고 친숙하게 느껴지는 편이었다. 사람이 사는 일을 생각하면 늘 그 단어들이 나를 사로잡곤 했다. 사는 일도 모두 흔적을 남기는 일이요, 바람처럼 훌쩍 어디서 나타났다가 또 언젠가 홀연히 사라져 가는 일이 아닐까 하는 느낌이 내 의식 속에 잠재해 있는 탓일 것이다.

그런데 묘하게도 '바람은 고향이 없다'라는 어휘가 내 정수리에 꽂히는 것이었다. '그 무슨 웃기는 소리'냐고 나는 속으로 웃고 말았다. 그러나 이어서, '바람이 울어울어 천지와 내통을 했으니—. 고산 흩바람 속으로 물을 녹일 것이다. 물이 천지의 바람을 다 녹여서 살무사 콧구멍에라도 흘러들게 할 것이다. 불어 불어 세상의 먼지를 다 털어서 우리들의 일상 속으로 빈 몸이라도 흔들어 갈 것이다. 거기 흔적이 있어 유폐의 흔적이 있어, 멀고 먼 후열과 항렬로부터 일렁이던 묘비명의 핏자국이 있어, 바람의 씨라도 태울 것이다'라는 말들이 자동기술법에 의해 줄줄이 엮여져 나왔다.

여기까지 써놓고 잠시 쉬면서 이 글이 수필이 될 수 있을 것인가 하고 곰곰이 생각에 잠겼다.

그랬다. 역시 '꿈에 식상한 바람'이란 알쏭달쏭한 말이 내 머리 속을 스쳐갔다. '바람의 고향처럼' 의식의 지저귐들이 말이다. 그렇다면 바람과 같이 누워서 뱃속 깊이 바람을 들이켜면 거기 바람의 흔적이 눈을 흘길 것이다.

가령 바람이 멈춘 하늘, 그 하늘 아래 무엇이 과연 씨앗을 틔울 수 있을 것인가. 흔적이 흔적의 유언을 귓전으로 흘러낸 자리에 무엇이 있는가. 있다는 낱말만이 벌겋게 불타 오르고 있을 것이다. 바람에 가려서 눈물을 씻으면 이승에 남은 바람의 일편단심을 어디에 묻고 갈 것인가. 참으로 시원과 영원을 멈추듯 바람의 고향은 어느 흔적의 뒤안길에서 퍼덕이고 있을 것인가.

바람 맞으며 슬피 바라다봄을
이상하게 여기지 마오.

莫怪臨風偏悵望.

솔바람 소리 듣는 것 말고는
귀가 시끄럽지 않고.

除廳松風耳不喧.

가을바람 맞으며
괴롭게 시를 읊지만.

秋風唯苦吟.

이렇듯 최치원의 시에는 바람도 많이 불고.

그래, 3월의 바람은

잠이 덜 깬 가지들을 이루고 있지

나도, 그 바람에
사랑의 길 눈이 트일까 몰라.

— 한재선 〈3월의 바람〉

바람은 사랑을 틔우는 씨앗이다. 그러나 분칠한 칼날처럼 두 눈을 가졌다. 노하면 죄라도 불러 폭풍이라도 마시리라. 하지만 우리들 눈빛 속에 고여서 한 생애를 살아가는 바람.

사람들이 배냇짓에 홀려서 한 세상 바람을 꼬셔가듯이….

— 이상. 사실 그랬었다. 이상에서 이 글을 끝냈다. 그러고 보니 읽는 재미가 없었다. 그래서 궁여지책으로 생각해 낸 것이 옥 여사가 들려준 〈천상병 시인의 일화〉한 토막과 조선일보가 귀띔해 준 〈해괴한 뇌물論〉한 구절이었다.

바람처럼 사라져간 천상병 시인이 서울의 어느 번화가에서 오줌을 갈겼다. "여보, 여기가 어디라고 소피를 본답니까?", "어헛 미친 놈들 왜 모두들 남의 것을 보려고 야단이람! 안 보면 그만인데…." 이 말을 듣고 아마 바람도 웃었을 것이다.

다음은 뇌물론 한 구절. 버스 업자로부터 뇌물을 받은 공무원들이 왈, "돈을 받지 않으면 업자들의 투서에 시달려 사정기관에 불려 다니다 일을 할 수 없다"고.

참말로 희한한 바람이 다 불어서, 야시 바람이—.

이쑤시개 아니면 코

– 주제찾기

몇 년 됐나 보다. TV에서 현대판 구두쇠 몇 분의 기행을 소개한 일이 있었다. 그 분들 중 한 사람은 이쑤시개를 호주머니에 넣고 다녔다. 몇 번을 족히 쓸 수 있는 이쑤시개를 왜 한 번만 쓰고 버리는지 도무지 이해가 가지 않는다면서 마냥 고개를 갸우뚱거렸다. 이쑤시개를 잘 간수해서 뾰족한 곳이 뭉툭해지면 다시 칼로 다듬어서 닳아 없어질 때까지 쓴다면, 아마도 그 분의 생각대로 수 일 동안은 이쑤시개 걱정은 하지 않아도 될 것이다.

한 번 쓰고는 물로 씻어 호주머니 속에 간직하게 되니, 하루에 세 번씩 씻어봤자 불과 한두 숟갈의 물밖에 소비되지 않을 것이다. 역시 구두쇠 작전에 걸맞은 노릇이라 하겠다. 또 부피랄 것도 없으니 간직하기도 얼마나 쉽겠는가.

내가 아는 교수 중에는 이보다 한 수 더 두는 이도 있다. 숫제 돈 드는 이쑤시개를 사는 일이 없다. 아침 등산길에 이쑤시개 대용으로 쓸 만한 가는 풀포기를 구해 오기 때문이다. 아침식사를 끝내고 사용한 이 대용 이쑤시개를 잇속에 들어갔던 부분만큼 끊어 버린다. 그리고 소중하게 호주머니 속에 간직한다. 씻지 않으니 물을 소비할 필요도 없게 된다. 끊어버리는 부분만큼 이쑤시개의 수명이 단축되는 흠이 있지만 말이다. 그는 물론 구두쇠는 아니다. 자연보호 차원에서 이 조그만 운동을 펴고 있을 뿐이다.

나는 윗니를 몇 개 해넣은 터여서 식사 후에는 꼭 이쑤시개를 사용한다. 한번은 저녁식사를 마치고 이쑤시개를 찾았더니 없었다. 궁리 끝에 요구르트 등을 빨아 먹는 빨대를 가위로 비스듬히 끊어봤더니 충분히 이쑤시개 대용으로 쓸 수 있게 되는 것이 아닌가. 나무로 만든 것은 너무 딱딱해서 잇몸을 상하게 할 위험이 있다. 그러나 이 빨대는 휘어지는 것이어서 그런 위험도 없어 안성맞춤이었다. 한 번 쓰고는 윗부분을 가위로 끊어버리면 멀쩡한 새 이쑤시개가 된다.

뿐만 아니라 이쑤시개 대용으로 못 쓰는 종이를 사용하는 이도 있다 한다.

종이가 무슨 힘이 있어 이 사이를 비집고 들어가 찌꺼기를 후벼 내겠느냐고 하니 종이를 접어서 사용하면 십상이란다. 그러나 사실 더 중요한 것은 이쑤시개 대용으로 무엇을 활용할 것인가 하는 이야기에 한하지 않는 것이다. 그것은 갇혀있는 생각을 풀어주는 일이 될 것이다.

성수대교 붕괴사고도 참으로 억울하고 슬픈 일이었다. 다리를 관리해야 할 사람들이 너무 많아 탈이었다. 중간 관리층들의 벽이 두터웠기 때문에 책임질 사람이 오히려 아무도 없게 되었다. 정부의 인력은 지금의 삼분의 일 정도면 알맞다. 일은 담당자가 직권으로 전결처리하게 하면 된다. 그 적절성 여부를 심사 감독하고 처벌하는 곳만 독립되어 있으면 될 것이다.

이 나라의 어린이들을 모두 똑같이 가르치고, 한결 같은 방법으로 평가할 이유는 없다. 수필을 어떻게 써야 한다고 너무 고정관념에 갇혀 버리면 곤란하다. 길을 가다가 다리가 아프면 아무 집에서나 쉬고 가면 된다. 인생길이란 잠시 서로 눈웃음 한번 짓고 가게 돼 있는 것이다. 그것이 뭐 대단한 일인양 핏대를 올리다니 똥구멍이 웃을 일이다.

길을 가다가 사통팔통으로 통하는 길목에서, 선전탑에 '부모절약'이라는 글이 쓰여져 있는 것을 보았다.

'부모를 절약한다?', '물자절약'이란 말을 들어도 이런 문구는 어리둥절하다. 뒷 글을 보니 '자식교육'이라고 돼 있다. '부모가 절약을 해서 자식을 교육시키자'는 뜻으로 쓴 모양이다. 그렇다고 어디 '물자절약'으로 길들여진 머리가 '부모를 절약하라'는 이 희한한 말을 어떻게 수용해야 할지 어리둥절해진다. 그래서 모두 웃기는 이야기 같다.

"고래는 냄새를 맡을 수 없다."
"토끼는 하루에 18번 낮잠을 잔다."
"낙지는 세 개의 심장을 갖고 있다."
"원숭이는 동물적으로 이야기할 때 다리가 없다."
"개구리는 이가 있고, 두꺼비는 이가 없다."

하연승 시인의 시다. 저 '부모절약'이란 표현도 이만큼 시적으로 웃겨주는 양하고 늘 생각하면서 살고 싶다.

물론 우리는 이 말이 자칫 소름이 끼치도록 무서운 말일 수 있다는 것도 알고 있다.

아무튼 이렇게 이쑤시개 이야기를 늘어놓다 보니 누구는 코도 후벼야 할 때가 있을 법한데, 이쑤시개나 귀이개는 다 두고 왜 하필 코이개는 없느냐고 익살을 떤다. 잘 알다시피 천하의 코가 푸대접을 받아야 할 까닭이 없을 텐데 말이다. 글쎄다? 그 거룩한 '부모의 절약(?)'처럼 코도 두루 조심을 하라는 이야긴지 모를 일이로다.

운전

고등학교 시절이었다. 한번은 단임 선생님께서 경주여자고등학교에 가서 식탁보를 좀 가져오라고 했다. 그때는 자전거를 배운 지 얼마 되지 않을 때라, 약간 망설여졌다. 그러나 웃어른의 명령이라 변명할 수도 없는 처지였다.

여고 가까이 갔을 때, 마침 학생들이 수업을 마치고 집으로 돌아오고 있었다. 평소 여학생들만 봐도 얼굴이 붉어지던 시절이 아니었던가. 몹시 당황한 나머지 그만 자전거에서 떨어지고 말았다. 물론 몇 번 아슬아슬한 고비를 넘긴 끝이었다. 몇몇 여학생들이 놀라면서 나를 일으켜 세웠다. 홍당무가 된 채 나는 어쩔 줄 몰랐다. 그때서야 '하군 자네 자전거 탈줄 아는가, 혹시 모른다면 배워놓게나' 하던 담임선생님의 말씀을 헤아리게 되었다.

자전거 타기를 배울 때는 약 일주일 남짓 고생을 했다. 매일 일정한 시간에 운동장에 나와서 친구가 뒤에서 자전거를 밀어주곤 했다. 나는 하루에도 몇 번씩 나뒹굴어지면서 자전거를 배웠다. '자세를 바로하고, 너무 가까이 보지 말고, 조금 멀리 앞을 똑바로 바라보면서 힘차게 바퀴를 굴려라.'는 말을 수없이 들었다. 그 외에도 주문은 많았다. 그러나 하루에도 몇 번씩 넘어져 무릎에 멍이 들었다. 뒤에서 밀어주던 친구가 손을 놓기만 하면 넘어지던 것도, 시간이 가고 시일이 지날수록 조금씩 혼자 아슬아슬하게 넘어지지 않고 얼마간 가게 되었다.

이렇게 매일 두어 시간정도 일주일인가 열흘 남짓 연습을 한 끝에 자전거를 혼자서 겨우 타게 되었다. 그러나 숙달하기까지는 적잖은 시일이 걸렸다고 생각된다. 이제 우리도 소득수준이 높아지고 세상이 변하면서 언젠가부터 이른바 마이카시대가 찾아오지 않았던가. 그러나 지금은 또 기름값이나 건강을 생각하면서 다시 자전거시대로 회귀하는 추세지만.

하루는 평소에 잘 아는 현대자동차 영업소 직원이 "선생님도 손수 운전을 하셔야죠." 하면서 무조건 나를 자동차운전 교습소까지 안내하여 부학감에게 인사를 시키는 것이었다.

"교습소 부학감입니다. 잘 오셨습니다. 제가 직접 선생님이 면허증을 따실 때까지 챙기겠습니다." 그녀는 몹시 상냥하고 미모도 뛰어났다.

그 후로 부학감의 특별한 배려에 따라 열심히 운전 연습을 하였다. 그런데 이상한 것은 한 두 번 차를 타보고, 혼자 운전을 해도 하겠다는 자신감은 물론 너무 재미가 있었다는 사실이다. 그까짓 몇 시간만 배우면 될 것을 하는 자신감이 늘 드는 것이었다. 학원 측의 배려로 제일 실력이 좋다는 조교를 딸려주고 학감이 직접 지도도하여 열심히 연습을 한 보람이 있었다.

마지막 시험을 치는 날, 눈이 와서 걱정이 되었다. 높은 곳에 올라갈 때 미끄러워 어쩌나 하는 조바심이 떠나지 않았다. 그러나 막상 해보니 쉽게 통과할 수 있었다. 그 외 코스니 빨리 달리기 등 모든 과정을 잘 소화해 냈다. 그리고 마지막 관문인 뒤로 정차하기에는 자신이 없는 사람은 비스듬히 세워도 된다고 했다.

그러나 나는 만점을 받을 요량으로 정확하게 세우려고 애쓰다 그 곳에서 시간이 좀 초과했다. 마침내 합격은 되었지만 만점을 받지 못해 불만이었다. 이렇게 해서 실기시험에 합격하고 과목시험에서도 무난히 통과하여 운전면허증을 따고, 주행연습을 하는 등 한 사람의 운전수가 되는 데는 고비도 적잖았다.

한 번은 운전을 하다가 길이 약 육 미터 가량 되는 낭떠러지에 나뒹굴고 말았다. 이제 죽는구나 하는 생각이 순간적으로 머리를 스치고 지나갔다. 그러나 공교롭게도 떨어지긴 했는데, 차가 멀쩡하고 엔진이 그대로 돌아가고 있는 것이 아닌가. 순간 꿈인가 하고 스스로 놀라고 말았다. 나중에 알고 보니 풀을 쌓아놓은 풀 더미 위에 떨어졌던 것이다.

이 소식을 어떻게 들었는지 부학감이 놀라서 달려왔다. 그녀는 나에게 운전을 그만두라고 했다. 나이가 많아서 배운 탓에 늘 걱정이 되었다고 한다. 평생 승용차 운전을 해도 좋을 것인가 혹시 언젠가 사고가 나지나 않을까 하고 늘 마음을 놓지 못했다면서 이렇게 달려왔노라고 했다.

"선생님의 안녕이 늘 걱정이었다."면서 눈물까지 글썽했다. 우리는 바닷가를 같이 거닐었다. 그동안 그녀는 운전을 그만 둘 것을 계속 설득하는 것이었다.

운전을 배웠다는 인연으로 그녀는 대학에서 한 동안 나의 수업을 받기도 했다. 우리는 서로 번갈아가며 사제지간이 된 셈이다. 묘한 인연이었다.

구름이 흐르는 사잇길로
너는 홀연히 왔다갔는가
기도처럼 긴 해가 지고 나면
눈물처럼 머문 연서 한 장
살아서 그리운 밤을
법문 한 구절이 읽는다.

이 글을 쓰는 동안 나는 가벼운 접촉사고를 내고 말았다. 그때 문득 머리에 떠오른 생각은 '이 수필을 더 실감 있게 잘 쓰라'는 어떤 계시처럼 느껴졌다는 것이다.

운전을 가르치고 배우는 사람들, 그 일은 어쩌면 힘든 인연일는지 모른다. 그렇다면 나는 내 인생의 운전을 어떻게 해왔던가. 내가 가야할 길, 그 험한 역정을 잘 운전해 왔던 것일까. 가정을 잘 운전에 왔으며, 사회에 얼마만큼 과속한 일은 없었고, 신호위반하는 일은 없었는가. 또 주차를 위반하거나 추월금지 구역에서 추월을 한 경험은 없는가. 고속도로에서 오랫동안 머뭇거린 일은 없으며, 정비는 제대로 하고 다니는가. 그렇다. 인생운전.

문득 제복을 입고 사열을 받는 꼬마 로마 병정들 모습이 스쳐간다. 운전면허증, 그 인생 유효기간 사이로 구름이 덧니를 흘리며 웃고 있다.

방귀는 탄다

샤또오 씨의 수필집을 보면 〈방귀〉라는 유머 수필이 실려 있다. 친구들이 무슨 이야기 끝에 방귀는 가스니까 불에 탈 것이라느니, 수분 때문에 타지 않을 것이라느니 옥신각신하다가 결국 실험을 하게 된다는 이야기다. 그 실험 과정이 재미있다. 먼저 진한 방귀를 뀌기 위해 어느 친구가 고구마를 잔뜩 사 와서 배가 터지도록 먹는다. 그리고 한 친구는 촛불을 준비한다.

마침내 고구마를 먹은 친구가 방귀가 나온다고 호들갑을 떤다. 그때 촛불을 든 친구가 '붕―'하는 소리와 함께 촛불을 항문 주위에 갖다 대었더니 예상대로 방귀가 타는 것이 아닌가. 하지만 몇몇은 항문 주위의 잔털만 탔을 뿐 결코 방귀가 탄 것이 아니라는 주장을 제기했다. 이렇게 의견이 분분한 가운데 이번에는 또 방귀가 언다는 주장을 제기해 문제가 더욱 복

잡하게 얽히게 된다.

"일본 홋가이도北海道에서 본 일인데, 겨울날 추운 때는 거리에서 말이 방귀를 뀌면 항문 근처에 타원형의 커다란 주머니만 한 비눗방울이 훨훨 날아가다가 점점 밑으로 떨어지면서 사라져버리던데요."

이 말을 들은 이시이 박사가 화학자답게.

"그건 우리들이 겨울에 호흡하면 뱉은 숨이 희게 어는 것과 같이 말의 방귀 속의 수증기가 어는 것입니다."

하고 방귀 결빙론을 주장했다.

여기까지 읽은 독자들은 점잖지 못한 글에 대해 양미간을 찌푸렸을는지 모른다. 점잖지 못한 글도 그렇겠지만, 그런 행동을 볼 때면 우리는 그만 기분을 잡치게 된다.

그 날 내가 식당에 갔을 때도 그랬다. 식사하는 손님들은 그렇게 많지 않았으나 바로 옆 좌석에서 식사를 하고 있던 일행 중 한 사람이 배에 힘을 주고 방귀를 몇 방 연거푸 뀌면서 큰 소리로 웃고 있는 것이 아닌가. 화투판에서 장땡이라도 한 양 으스대면서.

그렇다고 우리들 가운데 이 천박한 문화를 탓할 위인이 있을 성싶지 않다. 고스톱이다, 노래방이다, 무슨 계모임이다, 통술집이다, 관광이다 하는 문화들이 그럴 수밖에 없을는지 모르기 때문이다. 그래도 지난날의 선비들은 노는 데도 운치가 있었다. 운韻에 따라 서로 시를 짓기도 하고, 학을 키워 청렴한 기개를 기리면서 같이 노는가 하면, 달밤에 연밭에 들어가 연꽃 피는 소리를 들으면서 즐기기도 했다.

어디 그뿐인가. 산 속에 들어가 즉석에서 거문고를 만들어 켜면서 세월을 희롱하기도 했다. 떠날 때는 그 거문고를 가져가지 않고 나무에 그냥 걸어두어 훗날을 기약하기도 하였으니 그 풍류가 어떠했을까 짐작이 간다.

그러고 보니 풍류라고 새겨도 좋을 이훈종이 쓴 〈두루미 춤에 관한 전설〉이라는 글이 생각난다.

온돌방에 홰를 매고, 그 위에 두루미 몇 마리를 올려 놓는다. 방에는 뜨거워서 발을 디디지 못할 정도로 군불을 지핀다. 그리고 방 밖에서는 악사들이 악기를 가지고 기다린다.

이렇게 준비가 끝나면 악사들이 밖에서 흥겨운 노래를 연주하고, 다른 한 사람은 두루미가 앉아있는 홰를 방 밖에서 돛을 감듯이 계속 돌린다. 그러면 두루미가 몸의 균형을 잃고 방바닥에 떨어진다. 그러나 방바닥이 뜨거워 날개를 펄럭이며 홰 위로 다시 뛰어오른다. 하지만 뱅뱅 돌아가는 홰라 오르자마자 떨어지고 만다. 이렇게 여러 날을 계속하는 동안 방바닥이 뜨겁지 않아도 그리고 홰가 돌지 않아도 두루미는 음악소리만 들으면 날개를 치며 춤을 추게 되는 것이다. 이렇게 두루미를 길들여가며 풍류를 즐길 줄 알았으니 대단한 풍류객들이 아니었던가 싶다.

그러나 이런 말을 들으면 우리는 덩달아 말이 많아진다. 지금이 어느 때냐고 까르르 숨이 넘어가는 사람도 없지 않다. 숨이 넘어가면서 농담을 즐긴 선사禪師까지 있었는데 말이다.

글쎄 선사라니 그 '선'이라는 말만 들어도 찔끔 놀라는 사람도 없지 않다. 뭔가 거룩하다는 개념이 뒤따르기 때문인지도 모른다. 그런 선입견 때문일까, 어디 방귀 이야기가 가당하기나 하겠는가 말이다. 그래서 그들은 술도 곡차라고 선언하면 그야말로 맹물이 되는 것이 아니던가.

홍시여, 이 사실을 잊지 말게
너도 젊었을 때는
무척 떫었다는 것을.

— 〈소세키〉

그렇다. 중생은 아직 떫다. 그러나 성철선사의 입이 매우 험악했다는 것을 우리는 익히 잘 알고 있는 것이 아닌가. 그러나 이미 홍시가 되어 세속을 초월했다. 그래서 원효대사는 자신의 허상을 깨뜨리기 위해 파계까지 하지 않았던가. 그러나 파계는 커녕 중생인 내가 이렇듯 글 빚을 지듯, 오히려 부처님 앞에 대사는 사랑빚을 지지 않았던가.

설총이라는.

무산巫山의 꿈

“별것 아닌 자동차 면허처럼 치를 때도 당황하게 되던데.”하고 그녀는 웃었다. 그러면서 그녀는 이어, “하물며 인생의 중대사라 할 대학입학시험에 당황하지 않을 학생이 어디 있겠느냐.”면서 자못 심각한 표정이 되는 것이었다.

사실 그녀는 자동차 면허시험을 치르고 나오면서 힐끗 주위를 둘러봤더니 어느 분이 시험지에 자기 이름을 쓰지 않고 있는 것이 아닌가. 그래서 그녀는 무심결에 “시험지에 이름이 빠졌어요.”하고 나직이 속삭였더니,

“아니, 그럼 내 이름이 뭐지요?” 하더라면서 파안대소했다.

내가 대학교에 들어갈 때는 예비시험이란 것을 한 번 더 치렀는데, 시험장에서 나온 어느 친구가 수학문제 하나를 거의 다 풀어놓고 4나누기 2만 풀면 답이 나오는 판에, 아무리 풀어

도 그것이 풀려지지 않더라면서 어리둥절해하던 모습을 보고 벗들이 모두 한바탕 웃은 기억은 지금도 새롭다.

아무튼 불난 집에서 아기 대신 베개를 업고 나온 어머니도 있었으니까. 그런가 하면 위기일발의 급박한 상황에서 자기도 모르게 높은 담을 뛰어넘어 위험을 극복한 사례도 없지 않았으니, 의식적 통제가 미치지 못한 무의식적 행위는 얼마나 놀라운가 하는 것을 느끼게 된다.

우리 아파트에 불이 났을 때, 나는 내가 쓴 원고만을 달랑 들고 나왔을 뿐, 그 이외의 것은 아무것도 옮겨 놓지 않았던 경우가 있었다. 이러한 사례는 이미 모든 것을 체념해버린 상태였기 때문에 가능한 일이었다 하겠다. 다행히도 불은 초기에 진압이 되었지만, 몽유병 환자들이 위험한 상황 속에서도 별반 상처를 입지 않은 것은 위기의식이 배제된 무의식적 대범성 때문인지도 모를 일이다.

그래서 가끔 이러한 생각을 해볼 때가 있다. 불난 집에서 원고지 한 뭉치만 들고 나올 수 있을 만큼 그런 초탈한 마음가짐으로 살 수 있었으면 하고 말이다. 반쯤 무의식적인 상태에서 살았으면 싶다. 별반 쓸데없는 생각들은 허공에 날려버렸으면 한다. 공연한 욕심들이 무엇 때문에 필요하단 말인가.

우리들은 얼마 안 있어 곧 헤어지고 말 텐데. 우리들 그 괴괴한 무덤 뒤에 내 몫이 조금 더 남아 있다고 해서 무엇이 대수로운가. 우리들이 서로 몇 번 더 만날 때, 남보다 좀 더 으스댈

수 있다는 생각 때문인가. 아무려나 그까짓 목구멍에 단내까지 찍어댈 필요가 어디 있겠는가.

한 달에 다섯 식구 생활비가 3만 5천 원이라고 대답한 소년 가장이 있었다. 그에게 그 돈이 부족하지 않느냐고 물으니, 별로 부족하다는 것을 못 느껴봤다는 대답이었다. 물론 한 달 먹을 쌀값은 빼놓고 말이다.

그렇다면 그에게는 그만한 돈으로 어느 정도 만족한 셈이 된다. 그보다 더 가진 사람이 찾는 만족의 질, 그 생활의 질과 그 소년가장이 갖는 분복의 차이와는 어떤 관계가 있는 것일까. 내가 아는 어느 화랑집 주인은 아직 한 번도 돈을 직접 쥐어본 일이 없다고 했다. 돈을 늘 그의 부인이 셈하도록 되어 있다고 한다.

돈이 더러워서가 아니라 그 돈이 가져다 줄 가당찮을 인간적 본색이 두렵기 때문이라고 했다. 눈알이 거추장스러워 빼버린 수도승도 있었으니까. 나도 소원이 하나 있다. 간편하게 자전거를 하나 사서 어디든 쉬고 싶은 곳에 달려가서 뒹굴고 싶다는 것이다. 그러나 모든 이들이 "늙바탕에 무슨 망령이냐." 고 한다. "그 나이에 웬만한 승용차를 굴려도 남부끄러울 판인데." 한다. "허허, 이런 형편이 어디 있나."

한여름에 여자 슬리퍼를 신고 가까운 나들이를 하면 아내는 질색을 한다.

"내 편하면 제일이지 무슨 소용이오." 하고 소리를 꽥 질러보지만 늘 옥신각신 판정이 나지 않는다. 그런 세상스런 소리들을 안 듣고 살았으면 싶은데, 귀찮기 한량없다.

글쎄 그 눈알 뽑는 일보다 더한 구우九牛의 일모一毛란 말도 못 들어봤나 보지. 천한天漢 2년(BC 99)에 무사장군武師將軍 이광리李廣利의 별동대가 되어, 흉노 정벌에서 공을 세운 이능李陵의 억울함을 변호하다가 궁형(宮刑 : 남자의 성기를 없애는 형)에 처해진 사마천司馬遷이, 세인世人은 내가 형을 받는 것쯤 '구우의 일모'를 잃는 것으로밖에 생각하지 않을 것이라고 말한 그 대인다운 풍모를 말이다.

목덜미에 숨바람만 스쳐도 팔팔 목을 따는 불나비들. 이제 먼 눈 한 번 살펴볼 수는 없는가. 우리는 잠시 이승에 와서 벗들과 눈인사 한 번 하고 헤어질 것을, 이제 좀 머리를 식혀가며 제발 그 궁상스런 생각들을 비껴 갈 수는 없을까.

지금 우리들은 모두 제 정신을 잃은 듯 덤벙거리고 있는 형국이라고 한다. 이때 우리는 정신적 자기관리의 올바른 지혜를 익혀가야 할 것이라고 한다. 잠시 이승의 허황된 꿈 때문에.

한 장수 공功을 이룸에 만萬 군사 백골로 썩는도다.

이렇게 노래할 수밖에 없었던 '허망의 북소리'를 누가 마냥 두드리고자 하는가. '내 이름이 뭐지요' 하고 잠시 웃고 가면 될 것을. 그 또한 문선文選 속에 있는 초나라 양왕襄王의 꿈 속에서 같이 놀았다는 무산 선녀 이야기 같은 한세상 '무산巫山의 꿈'인 것을….

거꾸로 가는 세상

오래된 이야기다. 미국에서 일 년에 약 삼백 명 가량이 필요 없이 다리를 자르게 된다는 글을 읽고 깜짝 놀란 일이 있다. 의료수가를 올리기 위해서라고 했다. 잘라야 할지 말아야 할지 그 경계선이란 사실상 가늠하기 힘든 일이 아니겠는가.

코밑이 헐어서 고생을 한 일이 있다. 피부과 세 군데를 갔다 왔다 하면서 약을 바르고, 주사를 맞고, 네 시간에 한 번씩 약을 먹어도 차도가 없었다. 어쩔 수 없어 나병환자들이 바른다는 약까지 구해서 발라봤으나 소용이 없었다. 오랫동안 고생을 하다 보니 이곳저곳에서 어디를 가보라는 등 훈수 드는 사람들이 많아졌다.

그래서 찾아간 곳이 큰 도시에 있는 모 대학 피부과 교실 주임교수로 있던 분이 운영하던 피부과병원이었다.

“이 약은 안약이 아닙니까.” “예, 덱코실이라는 안연고입니다.” 이 안연고를 3일간 바르고 나니 헐어서 진물이 나던 코밑이 흔적도 없이 나았다.

그 후 5년 쯤 지났을까. 이발을 하고 면도를 한 후, 또 다시 물집이 생겼던 그 자리가 헐었다. 역시 그 피부과 병원으로 달려갔다. 그런데 처방이 달랐다. 4시간마다 한 번씩 먹으라는 약과, 주사, 바르는 연고 등 수월찮았다. 약은 이틀분씩 주었다. 몇 번을 가서 약을 타 먹고 치료를 해도 잘 낫지 않았다. 그, 안연고만 처방해주면 병원을 몇 번씩 갈 일도 없고 독한 약을 한 달 넘게 먹을 필요도 없을 텐데, 처방이 그러니 어쩔 수 없지 않겠는가.

그 안연고를 사기 위해 그때 그 약국에 갔으나 없다고 했다. 과문한 탓인지 어디에서도 그때 그 연고는 살 수 없었다. 어쩔 수 없이 그 독한 약을 한 달 넘게 먹고, 병원에서 주는 연고를 몇 통이나 바르고 수시로 주사를 맞는 등 먼 곳까지 왔다갔다 고생이 많았다. 이제 좋은 약도 많이 나오고, 의료기기도 발전하여 웬만한 병은 다 고치는 시대가 되었다는데 나의 경우는 세상이 거꾸로 가는 편이라고 해야 할지 아리송했다.

서울 강남 일대의 대학병원 검진센터에는 한 번 검진에 무려 8백만 원 받는 곳도 있다 한다. 그럼에도 불구하고 한 번 예약하려면 길게는 6~7개월, 짧게는 2~3개월 기다려야 한다는 것이다.

얼마 전에도 미국에서 젊은 청년이 총기를 무차별 난사하여 무고한 시민들이 많이 죽었다. 이렇게 억울하게 죽어가는 사람들이 그 동안 얼마나 되었을까. 기가 찰 노릇이다. 하지만 문제는 간단하다. 개인들이 총을 가지지 못하도록 법을 만들면 된다. 그렇지만 미국에서는 그런 법을 만들 수가 없다고 한다. 무기회사들이 정부에 로비를 하기 때문이라는 것이다.

이러한 원인이 약육강식적 자본주의의 산물 탓일는지 모를 일이다. 그러나 이러한 사상은 점차 인간적 애정과 배려를 바탕으로 한 수정자본주의로, 또한 박애정신과 합리성을 겸비한 인정 자본주의로 변화해 오고 있지 않았는가. 미국의 사회기부문화가 이를 단적으로 설명해주듯이 말이다.

소설가 고 박경리 선생은 그의 소설 ≪토지≫에서 주인공 묘길상妙吉祥을 설정했다. 길상은 문수보살의 별칭이었으니 선생이 지향한 인간적 이상향을 우리는 다시금 되새기게 되는 것이다. 그래서 선생은 '삶이 곧 문학이요, 문학이 곧 삶이라'고 했다. 마오우쓰 사막에 나무를 심는 인위쩐은 눈이 가늘어지고 온몸이 거북등처럼 딱지가 생겨 단단해졌다고 한다. 경리 선생이 우리에게 정신적 지주로 다가섰다면, 인위쩐은 육체적 실천덕목으로 우리들을 지도해 왔다 하겠다. 둘 다 여성이었기로 우리는 더 큰 교훈을 얻는 것이 아니겠는가.

지녕초指佞草는 '아첨하는 것을 가리키는 풀'이라는 뜻인데, '간사한 사람이 조정에 들어오면 몸을 구부려 가리킨다 해서 붙여진 이름'이라고 한다.

이를 다연발 활을 만든 노수弩手가 인간에게 끼친 공로에 어찌 비기겠는가. 그렇다. 그 부드러움, 그 인정, 사랑 그런 인정주의가 아니고서는 미래 우리들이 살 공간은 없는 것이다.

뇌를 주제로 한 국제 세미나에서 어느 석학은, '오늘날 우리들은 앞으로 도래할 완전한 인종들을 위한 중간자'라고 말했다. 그렇다면 이승을 떠나는 심정을 담담하게 노래한 이양언의 시처럼 중간자인 우리는 '무덤에 가는 길도 결코 서럽지만은 않을 것'이다.

'한 평생 시름 속에 살아오느라/ 밝은 달을 봐도 부족했었지/ 이제부터 만년토록 너를 마주 볼 테니' 말이다.

'저 사람이 잘못했어요.' 하고 둘째손가락으로 남을 가리킬 때, 이미 밑의 세 손가락은 나를 가리키고 있다.

마수걸이 유감

'마중물'이란 제목으로 시를 쓴 일이 있다. '마수걸이'라는 낱말을 접하면서 문득 마중물이라는 말이 떠오른 것은 무슨 까닭일까. 두 낱말이 주는 어떤 상징적 범주가 흡인력을 갖게 되었을는지 모른다. 원고 청탁서에는 친절하게도 이 마수걸이에 대한 설명을 자세하게 덧붙이고 있다. 행여 이 마수걸이라는 순수 우리말에 대해 접해보지 못한 이들이 있을까, 미리 배려했던 사정을 알게 된다.

그런데 어떤 장사꾼들은 마수걸이를 할 때, 마수손님으로부터 받은 돈에 '퉤에' 하고 침을 탁 뱉으면서 그 돈을 머리 위에 얹는 시늉을 하는 것은 재수가 좋아서 오늘 장사가 잘 되라는 뜻일 것이다. 뿐만 아니라 어떤 콩나물 장수는 평소에 5백 원어치를 팔다가도 마수거리를 할 때는 천 원어치 이하는 안 팔기도 한다. 오백 원어치를 마수걸이하고 나면 하루 종일 오백 원어치만 팔게 된다고 말이다.

> 마수걸이 또는 마수손님이라고
> 조용히 입속으로 속삭여보면
> 생강냄새가 난다
> 비봉산에서 불어오는 바람이
> 올빼미 꼬리만큼 코끝을 스민다
> 임자 없는 수염이 한 올씩
> 달개비 꽃그늘에 흔들리고 있다
> 마수걸이, 얼음 위에
> 보석상자가 미끄러지면서
> 이빨 사이에서 장단을 맞추듯
> 낯선 사람 안경알 속에서
> 훔쳐보는 고놈 '마수걸이'

이와 같은 순수 우리 겨레말 쓰기를 위한 기획은 매우 적절하다는 생각이 든다. 지난번에는 '유언'을 기획특집으로 삼아 새삼 자신의 삶을 되돌아보게 하더니, 이번에는 잊혀져가는 우리말의 원류를 찾아 새삼 작가들에게 모국어에 대한 경종을 울리고 있는 것이 아닌가. 나는 이 마수걸이에 대해 두 가지 상반된 묘한 경험을 갖고 있다. 한 번은 우리 집에서 그리 멀지 않는 식당에 간 일이 있는데, 아주머니는 정색을 하면서,

"오늘 선생님이 우리 식당에 마수걸이를 하려고 오신 셈이네요." 하고 무척 반가워하는 것이었다. 곧 이어 여러 손님들이 들어오는 것이 아닌가. 이렇게 해서 마침내 나는 어느 날 그 식당에서 없어서는 안 될 호객꾼이 되었다. 왜냐하면 그 집 아주머니 말대로 언제나 나는 손님들을 몰고 오는 선두주자가 되었기 때문이다. 그래서 그분들은 나를 재수있는 사람이니, 복 많은 사람이니 하고 불렀다.

그러다가 마침내 식당 주인은 나에게 한 가지 이상한 제안을 하였다. 밥값은 받지 않을 테니 제발 매일 자기 식당에 와 주기만 하라는 주문이었다. 우연도 이만하면 특종감이 아니겠는가. 덕분에 그 식당을 자주 이용하게 되었다. 물론 주인의 만류에도 불구하고 밥값은 꼬박꼬박 지불하였다. 그때마다 주거니 받거니 실랑이질을 하면서.

그런가 하면 마수걸이 때문에 언성을 높이면서 서로 싸운 기억도 없지 않다. 지금 생각해도 분한 마음이 슬며시 고개를 든다. 아침 산책길에 신발가게에 들러 운동화를 샀다. 그런데 집에 와서 우연히 신발장을 뒤지다 보니 얼마 신지 않은 운동화가 있는 것이 아닌가. 그 길로 곧장 신발 가게에 가서 다른 신발로 바꾸어 달라고 했더니, "마수걸이인데 남의 가게 망칠 일이 있느냐."면서 고함을 치면서 삿대질을 하는 것이었다.

"안 사겠다는 것도 아니요, 신발을 바꾸어 가겠다는데 그렇게 소리를 지르면서 화를 낼 이유가 어디 있느냐."면서 맞장구를 쳤다. 그 바람에 그 일대가 소란스러워져졌다.

나중에 알고 보니 그 사람에게는 두 아들이 모두 장애인이어서, 평소 신경질을 잘 부려왔다고 했다. 그럴수록 마음을 비우고 덕을 쌓아야 될 것이 아닌가. 그것도 우연이라기보다 먼 인과의 씨앗이 쌓인 결과일 것이기 때문이다.

나 또한 그런 일로 인해 적잖은 교훈을 얻었다. 언쟁이라도 한 사람에게는 오히려 그를 위해 따뜻한 말 한 마디라도 해주어야 내가 편하다는 사실을 다시 한 번 체험했다는 사실이다.

이 마수걸이라는 말이, 나에게는 노래하며 전국을 떠도는 윤판도 부자의 엿장수의 가위소리처럼 늘 눈앞에 쟁쟁하다.

관점

꽃의 속성으로 말하자면 장미가 으뜸이 될는지 모른다. 그러나 그 열매의 효용성을 생각한다면 호박꽃이 단연 장미를 능가하게 될 것이다.

문학 특히 수필에 있어서는 이렇듯 관점이 중요한 관건이 된다.

자기 나름의 해석 또는 이른바 낯설게하기 기법이 작품의 질을 가름한다 해도 과언이 아니기 때문이다. 그러나 이 관점이라는 것도 지금은 그 의미가 많이 넓어졌다. 협의에 의한 개인적 관점, 즉 한 개성의 범위가 아니라 각 종 간의 관점 말하자면 동물적 관점과 식물적 관점까지 포함하는 광의적 요소들이 두루 적용되어야 한다.

지금까지 우리는 인간이라는 울타리 속에서만 문제를 만들고 또 풀어왔다. 그러나 지금은 그러한 한가한 시대가 아닌 것이다. 세계화 우주화 시대가 아닌가. 그래서 일찍이 톨스토이는 사람이 말馬과 같이 논다고 생각하겠지만 말馬의 입장으로서는 사람과 함께 논다고 생각할 것이라고 했던 것이다. ≪욕망하는 식물≫이라는 책을 보면 꽃 속에서 꿀을 채취하는 꿀벌들은 자기가 주최이고 꽃이 객체라고 생각할는지 모르지만 이건 꿀벌들의 착각이다. 꽃이 꿀벌들을 유혹해서 자기 꽃가루를 옮겨 수정을 한다는 것이 객관적인 사실인 것이다.

또 사람은 '식물을 심고 수확한다'고 생각하지만 식물 입장에서 보면 얼토당토 않는 소리다. 만약 식물이 입이 있다면 "내가 열매와 꽃으로 인간을 꾀어 내 씨를 퍼트리게 한다."고 주장할 것이다. 그런 맥락에서 꿀벌과 인간은 둘 다 식물이 공진화共進化를 위해 선택한 파트너에 불과하다. 식물이 보기에 꿀벌과 인간 사이에는 우열이 없다. 침팬지와 인간의 경우 DNA 염기서열이 98.7%가 같다고 하지 않던가.

'떡 줄 사람은 생각지도 않는데, 김치 국물부터 마신다'고 하지만 '김치 국물을 마시는 것을 본 사람은 떡 한 조각이라도 주게 되는 것'이다. '사촌이 논 사면 배가 아프다'고 했다. 사실 그럴 수밖에 없는 것이 아닌가. 가까운 사촌이 논을 사니 얼마나 기쁘고 대견하냐 말이다. 춤이라도 추고 싶은 심정이 되지 않겠는가. 그래서 사촌이 산 논이나 밭에 거름이 되도록 똥이라도 한 무더기 보태주어야 할 것이 아닌가. 그래서 미리 배가 아프기 시작하는 것이다.

> 정신없이 호박꽃 속으로 들어간 꿀벌/ 한 마리// 나는 짓궂게 호박꽃을 오므려 입구를/ 닫아 버린다//
> 꿀의 주막이 금세 환멸의 지옥으로 뒤/바뀌었는가// 노란꽃잎의 진동이 그 잉잉거림이// 내 손끝을 타고 올라와 가슴을 친다// 그대여, 내 사랑이란 그런 것이다// 나가지도 더는 들어가지도 못하는 사랑/
> 이 지독한 내 마음의 잉잉거림// 난 지금 그대 황홀의 캄캄한 감옥에 닫혀 운다.

그는 사촌 논밭에 똥거름이라도 보태주고 싶은 사람이다. 얼굴에 검은 반점이 두껍다. 한 쪽 귀가 가물가물한 사람 좋은 양씨 아저씨는 요즘 무릎도 안 좋아 농사일하는 데 무척 힘이 든다. 호박 박사라는 별명이 붙은 무골호인이다.

"이승에 지은 죄를 어찌 다 감당할라꾸, 그러구선 잠도 잘 오겄다. 쯧쯧" 그가 입버릇처럼 내 뱉는 말이다. 그렇다. 창녕 성씨 알 양반이다.

아프가니스탄 이슬람 무장 세력에 의해 그 곳에서 봉사활동을 펼치던 한국인 23명이 억류되어 죽은 사람도 있다고 한다. 그야말로 캄캄한 감옥에 닫혀 울고 있다. 사실상 이 지구 위에서 오직 사람만이 집단적으로 스스로를 죽여가면서 살고 있다.

식인종의 후예들이기에 어쩔 수 없는 일이다. 삶을 뜻하는 생生은 소牛가 외나무다리를(一) 건너는 모습인데, 내가 보기에는 상징적으로 소는 호박꽃을 무척 닮았다는 생각이 든다. 무골호인처럼.

'히르르 톰방' 어디선가, 문득 호박잎에 물방울 떨어지는 소리 들린다.

4부

5, 5, 5, 5, 5

물론 수필의 제목으로 한몫 보려는 심사는 전혀 없다. 그리고 그까짓 아라비아 숫자 다섯 자로 된 제목이라 해서 별난 것도 없는 게 아닌가.

지난 여름에 덕유산에 갔을 때였다. 정류장 부근에서 한가하게 느릿느릿 걷고 있는데, 어느 여인이 닁큼 나의 손을 낚아채더니 손바닥을 펴고는 자신의 손가락으로 몇 번인가 긁는 것이었다. 나는 낯선 사람이 무슨 뜻으로 남의 손바닥을 가지고 노는지 기가 막혀 어리둥절하고 있는데, 나를 흘깃 쳐다보고는 웃는 것이 아닌가. 나는 점점 영문을 몰라 어쩔 줄 모르고 난처한 표정을 짓는데, "저가 몇 번 긁던가요?" 하고 묻는 것이 아닌가. "잘 모르겠는데, 4번이던가, 5번이던가?" 하다 말고 엉거주춤해 있으니, "쯧쯧 5번이죠. 자, 잘 보세요. 사, 랑, 합,

니, 다." 하고 남의 손을 제 손처럼 펴들고 손가락으로 툭툭 치는 게 아닌가. 그리고는 뽀로통한 표정을 지으면서 어디론가 쏜살같이 달아나 버리는 것이었다.

또 한 번은 이런 일도 있었다. 학생들의 출석부를 챙기려 학과 사무실에 들렀더니, 키가 늘씬한 여인이 카톨릭교 추기경들이 쓰는 모자처럼 뒤통수의 반쪽만 가려지는 빨간 모자를 쓰고 나타났다. 손에는 긴 손잡이가 달린 사탕을 몇 개 들고 있었다. 그녀는 사무실에 있는 사람들에게 사탕을 하나씩 물려 주는 것이었다. 마지막에 나를 흘깃 쳐다보더니 잠시 망설이는 듯하다가, 결심을 한 듯 방긋 웃으면서 나에게 다가와서 '아-' 하고 입을 벌리라는 시늉을 하는 것이 아닌가. 그냥 주어도 받아먹을 마음이 내킬 것 같지 않는데, 입을 벌리라니 이런 무례가 어디 있는가. 순간 얼떨떨했지만 농담 삼아 입을 벌렸더니, 생긋 웃으면서 그 사탕을 입에 물려주는 것이었다.

그렇다. 그렇게 사는 것이었다. 그 여인들이 어디 나이 든 내가 뭐 그리 좋아서 '사랑한다'고 마음을 조이고, 사탕을 입에 물려주기까지 하겠는가. 우리는 잠시 이 세상에 왔다 간다. 남들과 시비할 여유가 없다. 저마다 왔다가 가기 바쁜데 이러쿵저러쿵 참견할 여가가 어디 있는가. 나는 집에서 가족들과 웃어가며 이야기를 하다가도 '언젠가 한 번은 끝내 우리 헤어져야 하거늘' 하고 그들을 물끄러미 쳐다보곤 한다. 그래서 같이 사는 날까지라도 부지런히 그 모습들을 눈에 담아 두는 것이다. '글쎄 얼굴 한 번 보려고' 하면서 우리들은 불원천리 벗들을 찾아 나서는 것이 아닌가.

우리 아파트 바로 옆에 있는 가게 주인이 난데없이 우리 집에 찾아왔다. 3개월에 걸쳐 보고 싶은 사람들을 다 만나보고 왔는데, 자기는 3개월 후에 이승을 떠날 것이라고 했다. 난데없이 무슨 소리냐고 하니 의사 선생이 '당신은 6개월밖에 더 못 산다'는 선고를 했다 한다. 그는 간암 투병생활을 오래 해왔다고 했다. 나는 엉겁결에,

"당신은 안 죽습니다. 만약 3개월 만에 당신이 죽으면 나는 정신 나간 거짓말쟁이가 될 것이니 이 동네에서 무슨 낯으로 살겠습니까. 당신은 절대로 죽지 않습니다." 하고 엄숙하게 선언했다. 그 때 무슨 생각으로 내가 그런 엄청난 말을 하게 되었는지 나는 모른다. 다만 그 순간 그런 말이 어디선가 내 입을 통해 나왔을 뿐이니까. 그러나 이 말은 평소 나의 어떤 신념에서 비롯한 잠재의식적 선언이었던 것이다.

사실 사람은 당사자의 동의를 받지 않고서는 절대 죽지 않는다. 많은 사람들은 누가 자기가 죽는 데 스스로 동의를 해 줄 사람이 어디 있느냐고 항변하게 마련이다. 그러나 오랜 병고에 너무 지쳐서 '이렇게 고통스럽게 살 바에야 차라리 죽는 것이 낫겠다'고 무의식적으로나 묵시적으로 자포자기하게 될 때 비로소 죽음이 찾아오게 된다.

그는 거의 매일 같이 듣게 되는 '당신은 절대 죽지 않는다'는

나의 일갈一喝 때문에 마냥 죽지 못하고 고생만 하다가 그 후 무려 2년을 더 산 끝에 세상을 떴다. 2년여 동안 그 병자 못지 않게 내가 지쳤던 것을 지금까지 감사하면서도 한편으로는 후회도 하고 있다.

나의 일갈보다, 마당발 그 아가씨들처럼 '사랑한다, 사랑한다.' 하고 손바닥뿐 아니라 쉼 없이 온 몸과 마음을 포근히 감싸안아 왔으면 십 년을 더 살아왔을는지 어찌 알겠는가. 그러고 보면 결국 죽고 사는 것도 다름 아닌 마음쓰기에 달렸다는 것을 다시 한 번 확인하게 된다.

그러나 저러나 나도 이제는 꽤 나이가 든 몸이라 누구라도 보고 '사랑한다.'는 말조차 신경 쓰일 지경이니 큰일이 아닌가. 그러니 이제는 글로만 사랑하는 법을 익히고 살 수밖에.

> 네가 보고 싶다./ 병아리가 어미 닭을 따라/ 세상나들이를 하듯
>
> 기적이 우는 곳에서/ 너를 만나고 싶다/ 새가 되면 너의 집
>
> 빨래 줄에 앉아 실컷/ 너를 훔쳐볼 수 있을까.
>
> 잠자리가 되면/ 귀뚜라미가 되면/ 너의 집 창가에 누워 실컷
>
> 울어나 볼 수 있을까./ 물에서 소금쟁이를 잡다가
>
> 윷판에 상사화를 그리다가/ 데살로니가 제 5장을 읽다가
>
> 벼락을 맞다가도/ 너를 만나고 싶다.

온종일 너의 집 부근에서/ 서성거리고 싶다.

행여, 네가 나들이를 할까/ 장보러 갈까./ 그 때 너를 훔쳐볼 수 있을까.

기적이 우는 곳에서/ 달마가 오줌줄기를 끊는 곳에서

위안이여, 바람에 길을 물어.

나는 오늘 내 손바닥 위에 사랑한다. 그 다섯 자를 쓰고 간 사람을 찾아 길을 떠난다.

위안이여, 바람에 길을 물어….

인어들의 첫사랑

'아!'

나는 밥상을 받다 말고 소스라치게 놀랐다. 나뿐만 아니라 밥상을 건네주던 그녀도 나를 보자 갑자기 홍당무가 된 채 한동안 어쩔 줄을 모르고 전전긍긍하는 것이었다. 그녀는 너무 놀란 나머지 밥상을 든 손까지 떨렸는지 하마터면 밥상을 놓칠 뻔하였다. 나도 엉겁결에 밥상을 받긴 하였으나 잠시 정신이 몽롱하였다.

그녀를 나는 부산에서 경주로 가는 열차 안에서 만났다. 그때 대학생이었던 나는 부산에서 있었던 친구 결혼식에 참석하고 오는 길이었다. 공교롭게도 그녀와 나는 서로 마주앉게 되었던 것이다. 고등학교 시절부터 나는 지금 소설을 쓰고 있는 ㄱ씨, 수필을 쓰고 있는 ㄱ씨 등 벗들과 더불어 문학서클을 만들어 문학수업을 하고 있었다.

우리들은 문학에 관한 이론서를 읽거나 창작활동을 하는 한편 경험의 세계를 넓힌다는 생각에서, 밤중에 공동묘지를 혼자 다녀오거나 무전여행을 떠나는 등 젊은 객기를 십분 발휘했다. 그때는 요즘과 달라 문학하는 사람 중에는 기인들도 없지 않았고, 또 우리들도 얼마간 그런 분위기에 젖어 있었다.

그래서 나는 기차 안에서 내 앞에 앉은 이 아름다운 처녀와 한번 사건을 꾸며보리라는 장난기까지 떠올리게 된 것이다. 사실 그녀는 그때까지 내가 만난 어느 여성들보다도 가장 아름답게 느껴졌으므로 그러한 생각은 쉽사리 행동으로 옮겨졌다. 그래서 나는 그녀를 따라 어느 시골역에 무작정 하차하고 말았다. 나는 "여보세요."하고 그녀를 따라가면서 불러 보았으나 그녀는 뒤도 돌아보지 않고 그냥 걸어가는 것이었다.

나는 잠시 멋쩍은 생각을 떨쳐버리지 못했으나 이왕 내친 걸음이라 용기를 내어 다시 그녀 뒤를 좇았다. 그때는 모두들 구두밑창에 징을 박아 놓았으므로 길을 걸을 때마다 땅에 쇠붙이가 부딪치는 소리가 나곤 했다. 그런 까닭에 조심조심 걸어도 그녀는 '내 뒤에 사람이 따라오고 있구나.'하고 곧 알 수 있었던 것이다. 몇 백 미터쯤 왔을까. 인적이 드문 곳까지 이르렀을 때 나는 성큼성큼 그녀 앞으로 다가서면서 큰 소리로 말했다.

"낯선 여성 뒤를 따라다니는 사람이 결코 신사일 수는 없을 것입니다. 그러나 결코 사람을 괴롭힐 위인은 아니니 잠시 얼굴이라도 한번 보게 해주십시오."

그러나 그녀는 그렇듯 고운 얼굴에 노기마저 띠었다.

"저는 선생님을 한번도 본 일이 없거니와 보고 싶은 생각은 더욱 없습니다."

"열차 속에서 한 시간 남짓 마주앉아 왔으니 사실 지금은 구면인데두요."

"열차에서도 저는 선생님 얼굴은 본 일이 없습니다."

일이 이렇게 되자 나는 더 이상 그녀 뒤를 따라갈 염치가 없어졌다. 하지만 지금 와서 그냥 돌아서자니 남자의 오기 같은 것이 용납하지 않았다. 그래서 나는 이제 결판을 보리라는 생각에서 다시 그녀를 앞질러 가서 그녀 앞에 두 팔을 벌린 채 일장 열변을 늘어놓고 말았다.

"이 세상에서 가장 고귀한 것은 사람이 사람을 보고 싶어 하는 그리운 정임을 저는 믿고 있습니다. 이 세상의 모든 죄는 인간을 위한 그립고 아름다운 마음씨가 병든 데서부터 비롯되었습니다. 작가 단테는 그리운 소녀의 미소 한번 때문에 평생을 건 대작≪신곡≫을 쓰지 않았습니까. 저는 그만큼 정서의 크기, 인간의 크기를 지닌 사람은 못되지만 한번 더 보고 싶다는 애틋한 인간의 정을 다독여 이렇듯 쫓아오지 않습니까. 이 일도 죄가 되는 것이라면 용서해 주십시오. 그럼 안녕…."

나는 그 말만 남긴 채, 아무 미련도 없다는 듯이 그녀에게 목례를 하고 천천히 발길을 돌렸다. 얼마쯤 걸어왔을까. 무심

코 뒤를 돌아보았더니 그렇듯 노기 띤 얼굴이 어느새 오히려 수줍은 얼굴로 변하여 다소곳이 나를 바라보고 있었다. 그 후, 3년여의 세월이 흐른 오늘 뜻밖에 그녀를 여기서 만나게 되다니, 이 일이 도무지 현실처럼 느껴지지 않았다.

내가 그녀를 만나게 된 것이 우연이듯이 내가 이 집에 묵게 된 것도 우연의 소치였다.

나는 겨울방학을 맞아 외가댁에 가는 길이었다. 날씨가 너무 추워 밀양읍(지금은 시)에서 내려 잠시 몸을 녹일 양으로 어느 다방에 들렀을 때 거기서 우연히 외사촌동생을 만나게 된 것이다.

"아, 형님 여기 웬일입니까?"

"동생댁에 가려는 참이었지."

"내일 밀양문화원에서 재경밀양학우회 주최로 음악회를 개최하니 기왕 오신 걸음에 학우회 회장집에서 잠시 쉬었다가 음악회에 참석하시고 모레 저하고 같이 집으로 들어갑시다. 콘서트 준비 관계로 몇몇 학우들이 이 댁에서 묵게 되었으니 같이 지내면 될 것입니다."

이와 같은 인연으로 하여 내가 그녀를 만나게 되었는데, 그녀는 재경밀양학우회 회장의 여동생이었던 것이다. 그들은 음악회 개최를 위한 준비 관계로 문화원에 가고, 나 혼자 낯선 집에서 저녁상을 받게 된 것이다.

음악회가 열릴 때부터 내리던 눈은 음악회가 그칠 때까지

멎지 않았다.

"하 선생은 날이 어두워 혼자 집을 찾아갈 수 없을 것이니 네가 잘 모셔 가거라. 우리들은 행사 뒷일을 처리해 놓고 갈 터이니."

이렇게 하여 음악회에 참석했던 그녀와 나는 천만뜻밖에 자유스러운 분위기 속에서 서로 만나게 된 것이다. 그러나 나는 구두에 징을 박아놓았기 때문에 다리(밀양교)위를 지날 때는 눈길이 미끄러워 엉금엉금 길 수밖에 없었다. 궁여지책으로 내가 다리 위에 쪼그려 앉으면 그녀가 나의 등을 밀어주는 등, 우리는 같이 썰매를 타듯 연방 웃어가며 집까지 왔다.

"…그때 왜 사람을 불러놓고 자기가 하고 싶은 말만 하고 남의 말은 듣지도 않은 채 그냥 돌아가셨지요?"

"나를 나쁜 사람으로 볼까 봐 염려가 되었기 때문에…."

"우린 또 언제 만날 수 있을까요?"

"인연이란 것이 있으니 언젠가 또 만나게 되겠지요."

그때 학우들이 뒷일을 마무리 해놓고 왔으므로 나는 잠자리에 들었으나 잠이 오지 않았다. 내가 아침 식사를 드는 둥 마는 둥 떠날 채비를 하고 대문 밖에 나오니 간밤에 내린 눈으로 하여 아침 햇살은 더욱 빛나 있었다.

"안녕히 계십시오. 신세를 많이 져서…."

"안녕…."

서로 말끝을 맺지 못한 우리들의 젖은 두 볼 위로 눈바람이 일렁이고 있었다.

내립니다

그 여인은 분명히 웃으면서 "내립니다."라고 나에게 말하지 않았던가. 그러나 버스가 정류소에 도착하자마자 그녀는 슬그머니 뒤쪽 승객들 틈으로 몸을 감춘 채 마냥 서 있는 것이었다.

그때 내가 유심히 그녀를 관찰하지 않았다면 필시 차에서 내렸을 것으로 판단했을 것이다. "괜찮습니다. 저는 곧 내립니다." 라고 말하면서 사양했을 때, 그녀는 굳이 나에게 자리를 내어주면서 또렷이 "저도 내립니다."하고 힘주어 말했는데 말이다.

그렇다. '이번에 내립니다'하고 말하지 않는 이상 언제 내려도 내리는 것은 사실이 아니겠는가. 그러고 보니 그녀는 참으로 나에게 묘한 표현을 한 셈이다. 이 말은 해석하기에 따라 여러 가지 뉘앙스를 풍겨주기 때문이다. 자리를 양보받은 사람이 미안스러움을 느끼지 않게 하기 위해 이렇듯 말까지 골라 쓰는 이는 얼마나 아름다운가. 더구나 정류소에서 하차하는 시늉까지 배려할 만큼 진정한 삶의 이력을 터득한 사람은 그리 흔하지 않을 것이다.

성자 예수가 로마병정에게 쫓기다가 그를 알아보지 못한 병사가 "여보, 혹시 이곳에서 그 예수라는 양반을 못 봤소."하고 물었을 때 "글쎄, 멀잖은 곳에 있겠지요."하면서 위기를 모면한 것도 한바탕 말의 성찬이었다 할 수 있지 않을까 싶다.

예수는 시인도 부인도 아닌 묘한 말솜씨로 병사를 따돌릴 수 있었던 것이다. 서로 마주보는 거리였기 때문에 '멀잖은 곳'이라고 표현할 수밖에 없었다 하겠다. 그러나 중요한 것은 말재주가 아니라 그 정성과 배려가 아니겠는가.

예수는 거짓말을 피하고자 한 배려에서 말귀를 농한 셈이요, 그 여인은 남의 마음을 헤아리겠다는 배려에서 말씨름을 한 격이 됐다. 말은 그 사람의 마음이기 때문에 운명적 거소가 된다. 죄를 짓는 것도 마음이요, 죄의 사함을 받게 되는 것도 마음이 아니던가.

뱀이 용이 되기 위해서는 사람이 '용'이라 불러 주어야 한다 했으니 더 말할 나위가 있겠는가. 한낱 기어다니는 짐승도 이처럼 사람의 덕을 구해야 하는데 하물며 사람의 처지야 더 말해 무엇하겠는가.

일순 그 비좁은 버스 속에서도 마음먹기에 따라 얼마든지 사람을 감동시킬 수 있다는 것을 나는 새삼 깨닫게 되었다.

사실 우리들은 일생동안 이웃 사람들은 얼마나 기쁘게 하면서 살아가고 있으며, 또 그렇게 살아가는 것일까. 사람이 죽고 사는 것은 혀의 권세에 달렸다고 하는 말이 그래서 실감이 난다.

삭여도 삭여도 끝이 없는 말의 누적된 폭력에 못 이겨 '육시를 할 놈', '오살할 년'과 같은 욕설로 스트레스를 해소해 왔던, 욕이나 험담문화의 교훈을 우리는 어떻게 받아들여야 할 것인가 하는 당혹감에 사로잡히게 된다.

광대(?)가 연예인이 되고, 청소부가 환경미화원이 되었다고 해서 사람들의 마음이 두루 바뀌었다고 말할 수 없다. 오히려 폭력이 더 증가하고 있는 것은 언어적 배설을 통한 마음 풀기가 점차 물리화되고 있다는 증거가 될 것이다.

외국인 하멜이나 달레도 등이 억압된 에고와 욕구불만으로 인한 한국인의 잔인성을 얘기한 것은, 그만큼 인정이 깊었던 이면을 못 본 탓일는지 모른다. 막가파들의 살인공장사건, 동족들에 의한 양민학살사건 등이 저질러진 반면에, 우리들은 또 수많은 살신성인의 눈물겨운 일화들을 듣고 있는 것이 아닌가. 너무 많고 깊은 애틋한 정을 지녔기에 미움도 더 깊어지는 것이리라. '사랑이 변하여 미움도 되겠지'하고 읊게된 유행가 가사처럼.

참으로 한순간이라도 감동적으로 살다 가고 싶다. 언젠가는 한번 버스를 타고 자연스럽게 남에게 자리를 양보하고 싶다. 내가 내릴 차례가 아니더라도 나보다 더 힘든 이를 위해 차에서 내려서 다음 버스를 타게 되면, 내 자리를 차지한 이는 내가 자리를 양보한 줄을 꿈에라도 상상하지 못할 것이 아니겠는가. 그러나 나는 이미 남에게 자리를 양보할 만한 나이를 넘어버린 사람이다. 그래서 슬프다면 슬픈 처지가 아니겠는가.

하지만 그런 감쪽같은 연출 때문에 나로부터 좌석을 양보받게 된 이는 얼마나 마음 편하겠는가.

이런 생각을 하다가 나는 그만 그녀가 내리는 정류소에 엉겁결에 따라 내리고 말았다. 그 자리에서 다음 차를 기다릴 염치가 없어 한번도 뒤를 돌아보지 못한 채 다음 정류소까지 천천히 걸었다.

'내립니다'하고 마음 속으로 되뇌이면서 얼마 남지 않은 '인간 정류소' 그 자신의 종점을 향하여 쉼없이 걷는다.

가기 전에

신문을 봤다. 이스라엘 샤론 총리를 혼수상태에서 깨우기 위해 그의 병실에 모차르트 음악을 틀었다고 한다. 이른바 '모차르트 효과(Mozart Effect)'를 노린 탓이다. 이스라엘 의사들이, 모차르트 음악이 두뇌의 힘을 향상시킬 수 있다는 위스콘신대 프란시스 라우셔 교수의 논문을 믿었기 때문이다.

미국의 의사 시걸 씨가 환자들에게 '애인과 오전 오후 하루 두 번씩 한 달 동안 포옹을 하세요', '〈죽도록 사랑해〉라는 영화를 연인과 같이 세 번만 감상 하세요' 하고 처방전을 끊은 것을 보면 두루 알만한 이야기다.

세계 제 2차 대전에서 잿더미가 된 일본을 살려낸 것은 동경대東京大와 이와나미 문고巖波文庫, 그리고 일본의 어머니들이라고 했다. 그녀들은 아이들에게 '남에게 피해를 끼치는 일을 하지마라, 정직하여라' 등 2세들 교육을 잘 시켰다는 것이다. 그런데 우리나라에서는 서울대학교를 없애야 한다는 놀라운 발전 처방을 내놓기도 했다.

그런 처방 탓일까. 날씨가 몹시 추운 날이었다. 천 원짜리 한 장과 메모지 한 장을 들고 동사무소 민원실을 찾았다. 날씨가 너무 추워 FAX를 취급하는 곳까지 가기 힘드니 수수료를 받고 이 메모지를 FAX로 대구에 좀 보내달라고 했다. 담당자는 "법에 의해 그럴 수 없다."고 했다. "그것 한 장 못 부치도록 법까지 만들었느냐."고 하니, "종전까지 민원으로 취급하던 것을 법이 바뀌어 이제 해 줄 수 없다."는 것이다. 그런 법을 왜 만드는지 어리둥절할밖에 없다.

황우석 교수 사건으로 온 나라가 몹시 술렁거렸다. 가만히 놔두어도 멀지 않아 과학이 시시비비를 가려주게 마련인데 왜 세상이 야단스러워하는지 도무지 알 수가 없다.

오래 전에 어느 분이 물에 기氣를 불어 넣어 그 에너지를 이용하여 병을 고친다는 실험을 했다. 결국 그는 우리나라에서 살지 못하고 일본으로 달아났다. 또 임상실험결과 암에 특효가 있다고 밝혀진 천지환天地丸을 만든 사람도 숱한 어려움을 겪었다.

여기까지 쓰고 있는데 문득 흰빛 까마귀 한 마리가 날아와서 왜 알지도 못하는 이야기를, 재미없는 수필을 무엇 때문에 쓰느냐고 부리로 내 콧등을 두 번 쪼고 달아나 버리는 것이었다. 수필가 정목일 씨는 내가 쓴 '까마귀'란 수필을 읽고 몇 번이나 좋다고 했다. 지금 생각해 보면 내가 왜 '백로白鷺'를 제목으로 수필을 쓰지 않고 '까마귀' 이야기를 썼는지 이해가 가지 않는다. 아마도 백로 축에는 들어가지 못하는 심보 때문인지 모를 일이다. 색이 검다고 무슨 죄가 되겠는가. 연탄재 발로 차지마라고 했으니 말이다.

'횡설수설'에 보니, 고구려 고분 벽화에 그려져 있는 세 발 달린 까마귀는 태양을 상징한다고 한다. 이 삼족오三足烏는 기원전 4천 중국 양사오仰韶 토기에도 나타나 있다는 것이다. 이상李箱의 시 오감도烏瞰圖를 보아도 알만하다 하겠다. 시 이야기가 난 김에 거꾸로 읽는 시를 하나 흥얼거려 본다.

자살 살자/ 자살 살/ 자 자 /살 살/ 자/ 살

'사람'과 '사랑'은 받침 하나 차이다. 영어의 'Live(살아있는)'와 'Love(사랑)'도 모음 하나 차이다. 또한 '부부'는 거꾸로 해도 역시 부부라는 풍월도 있다. 그래 사람 사는 일이 곧 사랑임을 알게 된다. 그것은 역시 둘이 아니고 하나이다. 모든 처방전이 오직 하나, 같이 사랑하면서 잘 살자는 이야기다.

간밤에 꿈을 꾸었다. 돼지 두 마리가 내 방에 들어왔다. 또 우리 집에 불이 났다. 복권을 열 장 샀다. 한 장이 당첨되었다. 그날 내가 대학에 올 때, 직장을 팽개치고 나를 따라온 그녀를 만났다. 우리는 많은 이야기를 하면서 돌섬을 같이 거닐었다. 섬을 반쯤 돌았을까, 그 때 그녀의 왼쪽 하이힐 끈이 끊어졌다. 우리는 함께 웃었다. 그렇다. '나를 버리고 가시는 임은 십리도 못 가서 발병난다'면서.

헤어질 때 그녀는 말했다. "성철 스님이 돌아가기 전에 '내가 보고 싶거든 야반삼경에 문고리를 만져 보라"고.

에이포겐 견문기 〈여인국〉을 보면, 수미산 북쪽 우타가쿠르 여인국에서는 상상 속에서 정을 주고받는다고 한다. 그리고 두 다리 아래로 남풍을 받아들여 아이를 밴다는 것이다. 그렇듯 사람은 잠시 한 세상을 살다 가는 것이 아닌가.

정貞아! 비오는 날, 우리도 그렇게 가고 나면….

구름에 달 가듯이

꿀벌은 1그램의 꿀을 얻는데, 무려 195곳을 들른다고 한다. 그런데 거미란 놈은 그물만 쳐놓고 먹을 것이 걸려들기만 기다리면 된다. 그러고 보니 꿀벌이란 놈은 참으로 슬픈 족속이 아닌가. 며칠 전에 나는 유치환 선생 기념관을 둘러보았다. 가는 길에 철쭉꽃이 만발하게 피어 있어 잠시 나무의자에 앉아 쉰 일이 있다. 거기서 가만히 꿀벌을 관찰해 보니, 한 번 꽃 속에 들어가서 약 7초 내지 15초 정도 꿀을 채취하는 것이었다. 딴 놈이 이미 꿀을 채취해 간 꽃 속에 들어가서는 금방 나와 버렸다. 물론 이 글에서 꿀벌과 같은 사람이나 거미 같은 사람 이야기를 하려는 것은 아니다.

슬픈 꿀벌처럼 슬픈 것이 아름답다고 했다. 이청준이 〈서편제〉에서 슬픈 노래를 부르기 위해 딸의 눈을 빼고, 중세 유럽의 남성 가수 가스트라토는 성기까지 잘라버렸던 것이니 말이다. 나치수용소에 갇혀있던 막시밀리안 콜배신부는 남 대신 자기가 죽어주었으니 그만하면 슬프고 아름다운 이야기가 되지 않겠는가. 사랑하는 여인 캐이 포드를 만나기 위해 촛불에 자기 손가락을 태운 위대한 화가 빈센트 반 고호의 애화도 아름답다.

우리들이 이승을 살아가면서 많은 사람들을 만나게 되지만, 그들을 다 기억할 수도 없고, 또 그럴 필요도 없을 것이다. 젊을 때였다. 그 날도 매우 더웠다. 퇴근하는 길인데 어디서 나를 부르는 소리가 들렸다. 힐끗 쳐다보니 양장점이었다. 그런 곳에서 나를 부를 리 없는데 하고 그냥 걸었다. 두어 번 더 부르는 소리가 들렸다. 그래도 상관하지 않고 걷고 있었다. 문득 어느 여인이 내 앞을 가로 막으면서 양장점으로 안내하는 것이 아닌가.

그 길로 우리는 다시 어느 집으로 갔다. 방에 앉자마자 개소주를 한 컵 갖다 주었다. 여름 한 철을 덕분에 그 집에 가서 보신하게 된 것이다. "오가며 매일 두 번씩 우리 양장점 앞을 지나는 것을 보면서 몹시 몸이 가냘프다고 생각했어요." 하고 그녀는 나를 빤히 쳐다봤다. "한 철 보신하는 동안 얼굴도 볼 수 있고…"

그 후 수십 년이 지난 어느 날 경주에 가서 그 양장점 앞을 걸어 보았다. 여전히 그 아가씨는 종업원들과 같이 일을 하고 있었다. 걸음을 멈추고 한참 동안 유심히 그들을 쳐다보았다. 그녀도 나를 쳐다보는 듯했지만, 알아보지 못했다. '고마웠다는 인사라도 해야지.' 하고 한 동안 망설이다가 주소와 전화번호만 기억하고 발길을 돌렸다. 오는 길에 기억을 더듬어 그녀 집 앞까지 가 보았다. 그 동안 고층건물이 들어서는 등 많이 변했으나 한 눈에 알아볼 수 있었다.

그리고 또 얼마가 지났을까. ≪생각 안에 너는 있고≫라는 시집에 저자의 사인을 하여 양장점으로 부쳤다. 그 시집 목차 중 〈흔적〉란에 빨간 볼펜으로 선을 그어 놓았다. 그녀가 혹시 읽어볼까.

TV를 볼 때도 식사를 할 때도
잠을 청할 때도 네가 생각났다
생각 안에 너는 있고 생각 밖에
너는 잠드는가
내가 이승에 머물 동안
달처럼 너는 떠올라
사방을 두리번거리고 있나니
거기, 누군가 만남이 와서
눈썹 밑으로 흐르던 '볼가강 양장점'
누가 천년을 남아서
우리를 기억해 주겠는가
형제여, 우리는 꿀벌처럼 날아서
이승에 두고 갈 이름 한 번 불러보나니
그대 귀밑머리 한 번 훔쳐보나니

인연이여, 불빛처럼 남거든.

— 〈흔적〉에서

사실 우리는 눈짓뿐이었다. 직접 보고 싶었다는 말 한 마디도 없었다. 땡그르르 흔적 뿐이었다. 그렇다. 시를 말할 때는 변명의 여지가 있을 수 있다. 상징이 모두 들러리를 서 줄 것이기 때문이다. 그러나 수필의 경우는 변명이 통하지 않는다. 문학작품을 말할 때 '신념의 오류'란 말을 즐겨 쓰는 것도 그 때문이다. 아무리 간호사라도 '수면제 먹을 시간입니다' 하고 자는 이를 깨울 필요는 없다. 그러나 나는 문득 꿀벌처럼 평생을 날아, 마지막으로 이승에 두고 갈 이름 한 번 불러보고 싶다.

그대, 구름에 달 가듯이.

닭띠 아가씨

닭 이야기를 쓰려다 힐끗 신문의 운세란을 훑어봤더니, 큰 놈이 난 해인 1969년생은 '사랑하는 마음은 크지만 가슴속에 맴돈다'고 적혀있다. 어느 종교인은 닭과 사슴, 소 등은 삶을 상징하는 짐승이요, 쥐나 까마귀는 죽음을 상징하는 짐승이라 하지 않았던가. 하지만 까마귀를 죽음을 상징하는 짐승으로 분류한 것은 아마도 겉만 보고 한 실수가 아닐까 싶다. 사실상 까마귀는 반포지효反哺之孝라는 말도 있듯이, 사람이 본받아야 할 효도가 지극한 짐승이다.

생텍쥐페리가 불시착한 리비아 사막에서 생사의 갈림길을 헤매고 있을 때, 구원처럼 들려온 것은 닭의 울음소리가 아니었던가. '닭의 목을 비틀어도 새벽은 온다'고 한 말은, 지난 날 우리의 슬픈 역사를 말해주는 구호였다. 그러나 역시 희망을 안겨준 함성이었던 것이다. 야사에도 닭처럼 행동하는 사람이 임금이 적지에서 포로가 되었을 때, 그를 구해냈다고 적혀있지 않는가.

B.C 1,700년 경에 인도에서 기르기 시작하였다는 이 닭은 처음에는 신성시했다고 한다. 오랫동안 집에서 기르다보니 나중에는 식용으로 전환되기에 이르렀던 것이다. 식용이라고는 하지만 닭은 노화방지에도 효능이 있는가 하면 생리통에도 잘 듣는다. 이처럼 닭은 인간 수호의 상징이었는가 하면, 우리들에게 즐거움을 안겨준 놀이의 대상이기도 했다. 일종의 관상용 닭이 그것이다. 지금도 우리는 닭싸움을 즐기고 있으니 말이다. 닭의 다리에 예리한 칼날을 부착해 놓고 서로 싸우면서 상대방의 몸을 비벼 상처를 낸다. 피를 흘리면서 도망을 가면 지게 된다. 닭싸움을 직업으로 한 평생을 사는 사람들의 경우 닭은 생활의 방편이 될 수밖에 없다.

다 같은 식용이라도 닭만큼 우리에게 다채로운 먹거리를 제공해 주는 짐승도 드물다. 돼지가 사람들의 입맛을 위해 태어났다고들 하나 닭에 비하면 어림도 없다. 닭고기구이덮밥, 야채크림스프, 닭감자조림, 숯불닭바비큐, 버섯닭, 삼계탕, 황기탕, 닭다리구이, 닭죽, 옻닭 등 가지도 많다.

지금은 전기살상법이 개발되었지만, 그전에만 해도 나는 닭을 손수 잡은 이력을 갖고 있다. 닭을 안은 채 목을 달랑 잘라버리는데, 이렇게 잡는 것을 보고 집사람은 너무 잔인하다면서 숨이 꼴깍 넘어가곤 했다. 글쎄 살아 있는 짐승의 목숨을 끊는 일이 어떻게 잔인하지 않을 수 있단 말인가.

이곳 마산에는 백제 삼계탕이라는 유명한 삼계탕집이 있다. 체인점을 몇 개씩이나 갖고 있지만, 여름 한철 이 집에서 삼계탕 맛을 보려면 고생깨나 해야 한다. 한 여름에는 몇 겹씩 줄을 서서 기다려야 하기 때문이다. 가히 '길 따라 음식 따라, 마산의 이름난 먹거리로 자리잡은 것'이다. 내가 이 집에서 팔아준 삼계탕 그릇 수만 해도 천 그릇은 훨씬 넘지 않을까 싶다. 몇 년 동안 회의가 있을 때마다 회원들과 같이 이 집에 모였으니 말이다. 그래서 이 집 주인은 내가 올 때마다, 일행 한 사람 한 사람 앞에 일일이 인사를 하곤 했다. 물론 주인은 방마다 돌아다니며 손님들에게 인사를 하는 것이 그의 일과였지만 나에게만은 남달랐다. 이 집의 특색은, 손님이 식사를 끝내고 나가면 다른 방에 있던 종업원들도 우루루 뛰어 나와서 모두 정중히 인사를 하는 것이다. 그만큼 철두철미하게 친절이 몸에 밴 집도 드물 것이다. 상법도 도를 깨쳤다고 해야 할 듯하다.

20여 년 전쯤 되었을까. 전에 못 보던 유달리 키가 큰 이 집 종업원 한 사람이 나에게 슬쩍 쪽지를 건네주는 것이 아닌가. 한적한 곳에 와서 뜯어보니 모처럼 노는 이번 일요일에 어느 백화점 커피숍에서 만나자는 내용이었다. 그녀는 만나서 이야기라도 나누었으면 싶다고 했다. 하얀 얼굴에 검은색 양복을 입고 별 말이 없는 맑은 인상이 좋았다는 것이다. 처음에는 혹시 일본사람이 아닐까 하고 망설였다고 했다. 그리고 그녀는 이 집 종업원이 아니라 방학 때를 맞아 이모집에 와서 잠시 일을 도와주고 있다며 방학만 끝나면 곧 돌아갈 것이라고 힘주어 말했다.

"헛헛, 사람 보는 눈이 예사롭지 않네요. 사실 나는 일본에서 태어나서 어린 한 때를 일본에서 보냈거든." 하고 웃으니, "그럼 그렇지요." 하고 맞장구를 친다.

우리는 가포 해수욕장에 가서 뱃놀이를 하고, 돝섬을 같이 거닐면서 이야기를 나누는 등 즐거운 한 때를 보냈다. 해가 질 무렵, 이모가 마련해 준 숙소에서 차나 마시고 밤늦도록 실컷 이야기나 하고 싶다고 했다. 그러나 나는 선뜻 따라나서지 못했다. 그것이 지금까지 아쉬움이라면 아쉬움으로 남아 있다. 너무 생각이 많았던 탓일까. 그러나 그 때 그 닭띠 아가씨가 들려주던 이야기는 지금도 마음에 쟁쟁하다.

닭을 잡아먹기 위해 털을 다 뽑은 후 솥 안으로 밀어 넣는 순간, 그만 닭이 훌쩍 도망가 버리는 것이 아닌가. 그때 닭 주인이 "추워도 제가 춥겠지."하고 혀를 껄껄 차면서 웃더라는 것이다. 닭띠 아가씨가 오늘 내가 이 글을 쓰게 될 것을 미리 알고 이야기를 들려주었는지는 모르겠지만, 그만한 인연이라면 언젠가 또 한 번쯤 만날 날 있으리라.

가을, 그 명상의 뒤안길

문득 현대인이 겪게 된 비극은 어쩌면 명상을 잃어버린 결과가 아닐까 하는 생각을 해보게 된다. 이른바 생활 그 생각의 여유를, 현대라는 경쟁 속에서 박탈당한 때문이라 하겠다. 즉 생활을 잃고 생존에만 급급하게 된 까닭이 아니겠는가. 습관적으로 살아온 생활의 파편들.

가을 명상이라면, 발갛게 익어간 시골집 감나무 냄새가 난다. 감나무 끝에 매달린 홍시, 까마귀가 날아간 먼 창공에 구름 두 줄이 갈지之로 흔들리고 있다. 귀밑 볼이 유난히 붉었던 순이는 탱주 집 울타리 밑으로 달아나고, 꽃씨를 털던 바람은 상사병을 앓던 과수댁 장독대에서 치마끈을 풀고 있다.

태국의 스님 틱낫한은 '보행명상'을 실천하고 있다고 했다. 발이 땅에 닿는 그 순간을 자각하고 또 호흡을 자각하면서 걷는다고 했다. 그러면 한 번의 들숨 혹은 날숨 동안에 몇 걸음을 편안하게 걸을 수 있는지 알 수 있다고 한다. 숨을 들이쉴 때는 "인(in)"이라고 말하고, 내쉴 때는 "아웃(out)"이라고 말한다. 이렇듯 걸으면서 명상을 한다는 것이다. 또 어떤 이는 숨을 내쉴 때마다 "마음의 평화"라고 말하면서 자신을 다스린다고 했다.

보행명상 중에 코스모스라도 만나면 나는 아쉬운 눈물 한 방울을 순이의 옷깃에 보조개처럼 찍을 것이다. 너는 호숫가 이름 모를 철새인양 훌쩍 날라 가고, 시절은 꿈길에 머문 나비 한 마리 빗물같이 흘러갔는가. 순이야 그날은 가을비가 내리지 않았더냐.

순이의 노래

너를 보고 수십 년
인당수에 꽃이 피었다
스와니 강에 봄비가 내리던 날
너는 풀잎 사이에서 눈물을 밟았다
지금은 까치둥지에서 만나는 꽃이여
방석을 늘어놓고 발을 모으면
점자點字 안에 신발이 두 켤레
아라사의 밤이
종소리에 감긴다

가을비를 맞으면서 우리는 강둑을 거닐었다. 어디선가 산들바람은 불어오고, 이름 모를 풀꽃들은 우리를 반겨주었다.

"선개불알꽃이란 이름 들어봤어…." "아니 처음 듣는 이름이네, 그런데 앞에 선이라는 글자가 붙은 것이 우습군. 서야지 앉았다면, 글쎄…." 하면서 우리는 얼마나 웃었던가.

그런데 갑자기 산 쪽으로부터 검은 구름이 밀려오더니 사방이 어두컴컴해지기 시작했다. 그때 난데없이 순식간에 장대비가 쏟아졌다. 우리는 비를 흠뻑 맞은 채 가까운 집을 찾아들어갔다. 마음씨 좋은 아주머니는 우리를 골방으로 안내하면서 군불을 지펴주었다. 우리는 서로 돌아앉아서 빗물이 흐르는 옷을 말렸다.

얼마나 지났을까. 비가 그치고 아주머니는 우리들에게 삶은 고구마 몇 개를 갖다 주었다. 그때 우리는 무슨 연유였을까, 그만 서로 손을 잡고 잠시 눈물을 보였던 것은.

마국 브라운대나 펜실베니아대, 캘리포니아 공대 등 20여 개 대학에서 남녀 한방 쓰는 기숙사를 운영 중이라고 한다.

올리히 렌츠는 '아름다움의 과학'이라는 책에서 말했다. "우리가 아름다운 것을 사랑하는 이유는 그것이 언젠가는 사라져 가기 때문이라고 했다. 아름다움이 영원하다면 그것은 이 세상에 존재하지 않는 것과 마찬가지일 것이라고 말이다."

그녀와의 추억이라는 것도 그녀와 같이 언젠가 내가 또 사라져 간다면 없어지고 말 것이 아니겠는가. 이 글 속에서 영원

할 것이라고 누가 믿을 수 있겠는가.

요즘 삼식三食이란 말이 유행이다. 삼시 세 끼를 모두 집에서 먹는다는 말이다. 집에서 끼니를 때워야 하는 실직한 가장을 두고 하는 말이다.

문득 추억 속의 그녀가, '깨달음은 꿈을 깨는 것이라'고, 그때 그 말을 되풀이하면서 명상의 뒤안길에서 저만치 손을 흔들고 섰다.

산새

덴마크는 인구 7백만 미만의 작은 나라다. 그러나 국민소득이 3만 달러에 달하는 부국이다. 돼지고기를 수출해서 벌어들이는 돈이 대부분이라 한다. 다른 나라 돼지고기보다 맛이 월등히 좋기 때문이라고 했다. 그렇다면 그 나라 돼지고기는 별나단 말인가. 사람들의 사랑을 듬뿍 받고 크는 돼지는 엄청 별나다 할 수 있을 것이다. 그 사랑의 덕목 중에는 예컨대 돼지를 차에 태워 이동을 하더라도 8시간을 초과하지 않는다는 엄격한 조항들이 적용된다. 이렇게 사랑을 받고 자란 고기가 어찌 맛이 없겠는가.

우리는 돼지만 생각하면 어쩐지 그 놈의 돼지 목 따는 소리만 기억된다. 얼마나 시끄러운가 말이다. 돼지를 운반할 때도 두 다리씩 묶은 채, 그 중간에 막대를 질러 두 사람이 거꾸로 메고 가다보면 그 놈의 돼지는 온 동네가 떠나가도록 고래고래 고함을 지른다. 스트레스는 피를 탁하게 할 것이니 어찌 이 돼지고기를 덴마크 돼지고기와 겨룰 수 있겠는가. 물론 이런 원시적 방법은 이제 사라졌을 것으로 알지만, 우리는 사실 나무 한 그루라도 극진히 사랑하던 민족이었다.

대목정大木匠 신응수 씨는 나무도 그 성질을 잘 알고 사랑해야 한다고 하지 않았던가. 사랑으로 대하지 않으면 그 나무는 성깔을 부린다고 한다. 소나무의 경우 기둥으로 세워놓고 빨리 기와를 얹지 않으면 스스로 비틀어지고 마는 것이 그 좋은 예라고 했다.

'현대시에 나타난 에로티즘' 시간에 사랑이야기를 했더니 한 학생이 불쑥 일어나서 '사람이 한 평생 사랑할 수 있는 사람은 단 한 사람뿐이 아닙니까?' 하고 머리를 갸우뚱한다. '석가도 예수도 만방에 가서 만민을 사랑하라고 했는데, 단 한 사람이라니 부모도 형제도 친척도 이웃도 사랑 못할 이유가 어디 있는가' 하니, 자못 억울한 듯 엉거주춤 앉으면서 끝내 못마땅한 표정이다.

한국인 가장들을 대상으로 자기의 아내와 아들딸들을 얼마나 사랑하느냐는 설문에서, '평생동안 아침 일찍 직장에 출근에서 밤늦게 퇴근하면서 죽도록 일만해 왔다. 이것이 어디 나 혼자 잘 살려는 수작이겠느냐. 내 아내와 자식들을 잘 먹이고 잘 키우고 호강시키겠다는 욕심이 아니겠는가. 그러니 내가 평생을 두고 사랑해온 것은 아내와 자식 뿐이었다'고 자못 의기양양했다는 이야기도 있다.

우리는 성덕여왕을 사랑한 지귀의 애틋한 이야기나, 백제 개로왕과 아랑의 비극적인 사랑이야기를 들먹일 필요도 없이, 불국사와 석굴암을 창건한 신라 김대성을 기다리다 망부석이 되고만 그 아내 열부의 눈물겨운 이야기를 비롯하여, 바보 온달의 전설 같은 사랑 이야기와 황진이의 절절한 로맨스 등 수많은 사랑가 속에 자라왔다. 그렇다면 지금 우리는 진정 사랑이 증발된 시대에 살아 있다는 것일까.

문학은 우리가 타락 이전으로 돌아가려는 노력인 동시에 사랑의 회복을 위한 나팔수다. 미국의 의사이자 종교가인 시걸 씨는 앞으로 환자의 처방전에 '사랑하는 사람과 3시간에 한 번씩 포옹을 하라는 지시'를 내리고자 한다 했으니, 앞으로 이 사랑의 처방전이 도깨비 방망이 구실을 할 날이 멀지 않았다고 믿는다.

그녀는 결혼을 3일 앞둔 채 나를 찾아왔다. 그러나 나는 그녀를 잘 기억하지 못했다. 그래서 막내 처제와 같이 왔다고 했다. 우리 둘은 아무 말도 할 수가 없었다. 그저 멍하니 한동안 서로 바라보다가 씩 웃고 말았다.

지금까지 기억에 남은 말은 신랑 될 사람이 박물관장의 장남이라는 것과, 산새 두 마리를 기르겠다는 것뿐이다. 나는 '그렇게 알고만 있으면 됩니까?' 하고 물으니, 아무 말도 없이 핸드백에서 책을 한 권 꺼내 나에게 주는 것이었다.

그녀가 떠난 뒤, 포장을 뜯어보니 그 책은 뜻밖에도 ≪고승열전≫이었다. 스님들이 득도하는 과정을 일화로 남긴 기록이었던 것이다. 그때 문득 나는 내가 쓴 시 '이별'과 '사랑일기'중 몇 구절이 생각났다.

그대,
차에 오르거든
생각해다오
가도 못 가는
이승의 늦은 발걸음
그대,
차에 오르거든
기억해다오

〈이별〉에서

고백을 할까하네
사랑을,
문어 한 마리 뭍에 들러
쓰러질 듯 쓰러질 듯
마지막 숨을 몰아서
고백을 할까하네
사랑을.

〈사랑 일기〉에서

'잘 가오, 오래도록 생각하리다.'

승강장에서 흔들던 오른 팔이 문득 벽송선사의 지팡이가 되어 산새처럼 산문을 오르고 있었다.

비에 젖어

물을 생각하니 '비에 젖어'라는 단어가 떠올랐다. 그리고 '물귀신'이라는 말이 연이었다. 왜 그럴까. 이런 용어들은 부정적인데 말이다. 뿐만 아니라 순간 장화를 신고 물속에서 물귀신의 꼬리를 잡고 허우적거리는 모습이 나타났다. 섬뜩하다.

'퉷퉷' 하고 침을 뱉다가, '그렇다. 물은 창조와 멸망의 원형이니까' 하다 말고 고개를 설레설레 흔들어 본다. 귀신 중에서도 유독 물귀신이란 말이 자주 사용되는 것은 무슨 까닭일까. '물귀신 작전'이라는 말도 있듯이 말이다. 이 말이 행여 우리들의 어떤 약점을 지적해 주는 경고가 되어서는 곤란하지 않겠는가. 그래서 사람들은 말하고 있다.

'초가집 돌담 아래 떨어지는 낙수 물을 멜로디 삼아, 선사先史의 노래를 흥얼거리면 첫사랑의 눈빛이 젖는 가쁜 숨소리…'

요절한 가수 김현식의 '비처럼 음악처럼'이 우리들 감성에 촉촉이 젖어드는 것이리라. 빗속에서 우산을 돌려가며 춤을 추던 진 케리(Gene Kelly)의 '싱잉 인 더 레인'도 잊지 못하는 것이다. 또 비의 강렬한 이미지를 전달해 주는 아하(Aha)의 '크라잉 인 더 레인'도 기억하게 되는 것이 아닌가.

그 동안 세월이 많이 흘렀다. 바람이 비를 앞세우고 별을 헤어가듯 숨 가쁘게 달려갔나 보다. 우리도 덧니를 헤아려가며 그렇게 흔들려갔다. 길을 잃은 산새처럼 우리 넷은 원두막을 찾아가면서 아카시아 가지를 꺾어들고 내기를 하였다. 가위를 내어서 이기면 아카시아 잎을 두 개 잘라내면서 두 걸음, 바위를 내어서 이기면 역시 잎을 열 개 뜯어내고 열 걸음, 보를 내어서 이기면 다섯 걸음씩 걸어가도록 규칙을 정해서 우리는 누가 먼저 원두막에 도착할 것인가를 놓고 서로 열을 올리고 있었다. 아카시아 잎을 다 떼고 제일 먼저 닿는 사람은 수박값을 걱정을 안 해도 되기 때문이다.

우리가 원두막에 도착하자 마음씨 좋게 생긴 원두막 주인은 미리 먹음직한 수박을 골라 따오라는 것이 아닌가. 우리들이 수박에 대한 지식이 있을 리 없었지만, 이것저것 나름대로 골라봤다. 우선 수박을 두드려보고 틱틱하는 소리가 나면 제쳐두고 둥둥하는 소리가 나는 것 중에 제일 큰놈을 골랐다.

원두막 위에서 수박의 배를 갈라, 맛있게 먹고 있는데 난데없이 서쪽 하늘에 시커멓게 먹구름이 모이더니 갑자기 소나기가 쏟아졌다. 원두막 위에서 좋아하는 사람끼리 빗소리를 들으며 수박을 먹는 맛은 천하일품이었다. 이 때 송창식의 노래 '비의 나그네'를 들으면 한층 더 기분이 고양될 것이 아닌가. 우리들은 모두 황순원의 소설 〈소나기〉의 주인공들이 되어 낭만에 젖은 채 시간 가는 줄 몰랐다.

비에 젖어.

> 보고 싶었다/ 이 세상 끝까지 어여쁜 이의/ 그 속 깊은 바닷물을 다 퍼마시고 싶었다./ 보고 싶었다./ 미소를 갓 고깔 씌어/ 다시 에덴동산에서 눈여겨보고 싶었다. 우어 우어/ 모두들 다 왜 무엇이 되어 다시 보고 싶은가/ 죄가 되어 천년의 무덤이라도 되어/ 어여쁜 이의 물살로/ 한 시대를 흘러간다 하는가./ 보고 싶어라/ 이 세상 끝까지 어여쁜 이의/ 그 속 깊은 바닷 물을 다 퍼마시고 싶어라.
>
> — 졸시〈갈증〉 전문.

지금 그녀는 수녀원에 있다고 했다. 나에게 득도한 스님들의 일화를 적은 책을 한 권 부쳐주었다. 그 책을 싼 지면에 적힌 주소지는 다만 그 책을 산 서점 이름만 고무도장으로 찍혀있는 것이 아닌가. 행여나 그녀의 행방이라도 알 수 있을까 하여 비가 내리던 어느 날, 나는 그 서점으로 전화를 해 보았다. 그러나 그녀의 주소를 확인할 길은 없었다. 어쩌면 그녀는 득도라도 하여 살아가고 있는 것일까. 깨달음 그렇다. 생명의 원천인 물은 우리들에게 깨달음을 묻고 있는 것이 아닌가. 물난리까지….

성철스님은 열반에 들기 전에, '생전처럼 나를 보려면 야반夜半 삼경에 문고리를 만져보라'고 했다.

그러나 나는 빗물처럼 살아서 마지막으로 이승을 떠나기 전에, 꼭 한번 만나보고 싶다.

나도 선을 보겠다고 했을 때, '너무 사랑하기 때문에 두렵다며 울먹이면서 영영 숨어버린 그대.'

지금 나는 비에 젖어.

벚꽃

춥다. 가을만 되면 걱정이다. 늦은 가을부터 겨울과 봄을 지나 초여름이 다가올 때까지가 춥기 때문이다. 목욕할 때 더 힘이 든다. 열탕에는 못 들어가지만, 온탕에 들어가도 추워서 뜨거운 물을 틀어놓고 몸을 녹인다. 그러니 탕 밖에 나온다는 것은 상상하기조차 힘든 노릇이다. 온탕에 들어가 앉아도 몸이 오그라드는 판국인데 어떻게 탕 밖을 나올 수 있겠는가.

탕 속에서는 제대로 목욕을 할 수 없기에, 뜨거운 물을 틀어놓고 몇 십 분간 몸을 달구어 온몸에 땀이 쏟아질 때 탕 밖에 나온다. 밖에 나와서 조금만 있으면 또 추워진다. 그러면 또 탕 속에 들어가야 한다. 이렇듯 탕 밖과 안을 들락날락하면서 목욕을 끝내고 나면, 나올 때 또 문제가 된다. 역시 추워서 감기에 걸릴까 신경이 쓰이기 때문이다. 그래서 몸을 탈의실에 나오기 전에 닦는다.

물론 탕 밖에서도 개인별 수도꼭지에서 나오는 제일 더운물을 이용하면 될 것이 아니냐고 말하는 이도 없지 않을 것이다. 그러나 아무리 제일 더운 쪽에 눈금을 맞추어 놓고 물을 틀어도 그 물이 나에게는 차기 때문에 이용할 수가 없다. 이는 순전히 체질 탓일 것이다. 내가 추운 때에 태어났기 때문이리라. 이를 음의 체질이라고 하는지 모를 일이다. 사실 나를 소음인이라고 했으니 추위타기는 천성인데 어찌하랴. 그래서 수박이나 오이 등 찬 성질을 가진 먹거리에는 손을 대지 말라고 한다. 글쎄 처음부터 찬밥신세였단 말인가. 몸이 차다면 정신도 모든 일을 냉정히 분석하면서 철두철미하게 대처하는 지혜가 요구되는데 그렇지 못하니, 걱정이이라 하겠다.

> 아버지의 뼈 속에는 바람이 있다 나는 그 바람을 다 걸어야 한다.
>
> — 신용목, 〈갈대등본〉에서.

그렇다. 뼈 속의 그 바람은 아마도 차가운 바람일 것이다. 그 차가운 바람 속을 다 걸어가야 한다니 아득할 뿐이다.

지금은 4월 상순 저녁때다. 거실에서 집사람은 반팔을 입고 있다. 그런데 나는 겨울 잠바를 입은 채, 전기 히터를 켜놓고 이 글을 쓰고 있다. 아무리 체질이 다르다고는 하지만 이처럼 극과 극을 치달을 수가 있을까, 이해가 가지 않는다.

하지만, 나도 큰소리 칠 때가 없는 것은 아니다. 여름이다. 남들은 더워서 벌써 목욕을 몇 번씩이나 하였다고 호들갑을 떨지만, 나는 땀 한 번 훔친 적이 없으니 큰소리 칠만도 하지 않겠는가. 한 여름이 아닌 다음에야 찬물로 하루에 얼굴 두세 번 씻고 나면 견딜만하다. 지난여름이 그렇게 더웠다고 하지만, 에어컨을 일주일 정도, 그것도 대여섯 시간 밖에 틀지 않은 것 같다. 없는 사람 여름나기가 수월하다는 이야기가 그래서 실감이 난다.

서정은 온기다. 따뜻한 품속이다. 차가운 정이 어디 있겠는가. 체온은 원래 열이기 때문이다. 그래 이 차가운 몸, 그 냉혈로 어찌 온기가 숨을 쉬는 좋은 수필을 쓸 수 있겠는가.

수필은 마냥 흘러간 일상을 되풀이해서 보여주는 것이 아니라, 자기의 삶을 결단하는 것이다. 그 과정에서 재구성이 필요하게 된다. 인간이 완전하지 못하기 때문에 불완전한 부문에 대한 자기 결단, 그 운명의 준엄한 심판을 스스로 내리게 되는 삶의 일순들을 참회하는 기록이 수필이라 하겠다. 일상을 되풀이해서 보여준다면 그것은 수기일 뿐 수필일 수 없는 것이다. 그렇다고 논리적 대응에 빠진다면 이는 또한 칼럼에 흡수되고 만다.

이렇듯 수필의 바른 길은 인간의 바른 길을 탐색하게 된다.

이를 우리는 수필에 있어서 깨달음이라고 한다.

생전에 경봉스님은 자기의 죽을 날까지 알고 있었다고 한다. 어떤 분이 '스님은 언제쯤 열반에 들 것이냐'고 물으니, '앞도 66이요, 뒤도 66이라고 말하는 것'이 아닌가. 그는 마침내 72세(66+2)에 열반했다.

미술근대화의 선봉장이었던 화가 장욱진이 이승을 떠났을 때였다. 경향 각지의 여러 조문객들이 애도를 표했다. 그때 부인께서는 '평소에 새를 좋아하셔서 많이 그리시더니 그냥 새가 하늘로 날아오르듯 푸드득 그렇게 날아가 버렸다'고 했다. 그만하면 생을 달관한 사람의 말씀이 아니겠는가.

모나미 볼펜의 로그인 153이라는 숫자도 그냥 생각나는 대로 쓴 것이 아님은 말할 나위도 없다. 성경에 나오는 어부 베드로가 잡은 물고기의 숫자이다. 생전에 조연현 선생은 나에게 '수필을 피로 써라'고 했다.

레베카 비어드 박사는 슬픔과 실망이 당뇨병의 원흉이라고 말했다. 내 몸이 차다고 해서 마냥 슬퍼할 것까지야 있겠는가. 남들은 '겨울이 와도 봄이 멀지 않다.'고 노래했지만, 나는 '봄이 가도 여름이 기다리고 있다.'고 노래할 것이다.

세계의 빙하가 다 녹고 있다고 걱정할 필요가 어디 있겠는가. 그때 달나라나 별나라에 가서 따뜻하게 살면 될 것이 아닌가.

하루살이는 입이 없어도 하루 동안 제 몸을 태워가면서 잘 산다.

그때였다. 여기서 수필을 마무리할 참이었는데, 전화가 왔다. 사기 전화였다. 몸이 오짝하다. 세상이 점점 추워지는 것 같다. 사회참여주의 수필가 사무엘 존슨 등은 우선 독자를 '때리고 보는' 수법을 쓴다고 했다.

글쎄, 벌써 바깥에는 벚꽃이 몸살을 앓고 있다.

■ 연보

• 약력 및 경력

1934. 3. 4	일본 나가노에서 태어나 경주에서 자람. 마산에 정착.
1957	경북대학교에서 영문학을 전공함.
1966 ~ 1974	국가 공무원으로 봉직.
1974 ~ 1994	경남대학교 도서관 부관장 역임.
1978	≪수필문학≫ 수필〈인정〉으로 문단 데뷔.
1982	≪현대문학≫ 시〈꿈〉으로 데뷔.
1985	≪현대시학≫ 시〈현상 붙은 시〉로 추천완료.
1986	경남대학교 교육대학원에서 국어교육을 전공함. ≪시와 의식≫ 문학평론 신인상 당선.
1992	≪수필문학≫, ≪월간문학≫등 15개 문예지에 수필월평, 계간평, 시평을 씀.
1993	영국 ≪International Who's in Poetry And Encyclopaedia≫에 등재.
1994 ~ 2000	창신대학 외래교수.
1994 ~ 1995	마산 문인협회 회장.
1994 ~ 1998	시민 문화대학, 창원 시립도서관, 마산시청 여성문화교실, 진주 문인협회, 진주교육대학교 교원연수원 등 수필 및 시 창작반 강사.
1995	경남매일 논설위원.
1996	「창작수필」 주최 수필세미나 주제발표.
1998 ~ 1999	경남 카톨릭 문인협회 회장.

1998 ~ 2001	경남대학교 문과대학 강의 전담교수.
1999	경남 여성신문사 논설고문.
1999 ~ 2007	≪올해를 대표하는 문제수필≫ 편집위원.
2002 ~	경남대학교 교육원 수필창작 전담교수.
2003 ~ 2005	≪選수필≫선정위원.
2005. 7	국제수필 심포지엄 한국측 주제 발표.
2006	한국문인협회 인권위원.
2007	시사랑문화인 협의회 회원.
2007	제1회 한중수필 심포지움 한국측 주제 발표, 제1회 한국에세이 작가연대 전국대회 주제 발표, 미국LA 한인문인협회 초청 수필특강.
2009	≪한국수필≫ 자문위원.

• 문단활동

현재	한국문인협회, 국제펜클럽, 한국시인협회, 한국현대시인협회, 한국수필가협회, 한국수필학회, 한국수필문학회 이사, 한국문학진흥회 이사, 한국문학비평가협회, 한국비평문학회 이사, International Poets Academy 및 Modern Poets Society 회원.

• 수상

1987	교육부 장관상.
1990	마산시 문화상, 시와 의식 문학상.
1991	International Poets Academy상.
1995	수필문학상 대상.

1998	예술인상 특별상. 경상남도 문화상, 경남문협 우수작품상.
2000	한국수필문학상.
2002	한국수필문학대상.
2007	우수도서상(수필집 ≪흔적≫).

• 저서

1982	수필집 ≪닮고 싶은 유산≫.
1983	수필집 ≪우정은 노을처럼≫(공).
1986	시집 ≪인당수에 부는 바람≫.
1986	수필집 ≪그리운 이름으로≫.
1998	연구서 ≪수필문학의 연구와 비평≫.
1999	연구서 ≪수필문학의 연구와 비평≫개정판.
	시집 ≪생각 안에 너는 있고≫.
	수필집 ≪사랑과 죽음의 상송≫.
	비평집 ≪비평언어와 사상의 유희≫.
2001	수필선집 ≪인어들의 첫사랑≫.
2005	연구서 ≪좋은 수필 쓰는 법≫.
2006	연구서 ≪좋은 수필 쓰는 법≫개정판.
	수필집 ≪흔적≫.
2007	문하생 붓꽃 문학회 창립 ≪문예사랑≫창간호 펴냄.
2008	연구서 ≪정목일 수필연구≫.
2010	좋은수필사 수필선집 ≪情≫현대수필가 100인선.
	시집 ≪이상李箱의 똥≫.

현대수필가 100인선 · 56
하길남 수필선

情정

초판인쇄 | 2010년 6월 5일
초판발행 | 2010년 6월 20일

지은이 | 하 길 남
펴낸이 | 서 정 환
펴낸곳 | 좋은수필사

주 소 | 서울시 종로구 익선동 30-6
운현신화타워 빌딩 3층 305호
전 화 | 02)3675-5635, 063)275-4000
등 록 | 1984년 8월 17일 제28호
홈페이지 | http://www.shinapub.com
e-mail | essay321@hanmail.net

값 7,000원

ISBN 978-89-5925-325-8 04810
ISBN 978-89-5925-247-3 (전 100권)